Literatur der Migration – Migrat

Texte und Untersuchungen zur GERMANISTIK und SKANDINAVISTIK

Herausgegeben von Heiko Uecker

Band 57

Peter Lang

Frankfurt am Main · Berlin · Bern · Bruxelles · New York · Oxford · Wien

Karin Hoff (Hrsg.)

Literatur der Migration – Migration der Literatur

Peter Lang
Internationaler Verlag der Wissenschaften

Bibliografische Information der Deutschen Nationalbibliothek
Die Deutsche Nationalbibliothek verzeichnet diese Publikation in
der Deutschen Nationalbibliografie; detaillierte bibliografische
Daten sind im Internet über <http://www.d-nb.de> abrufbar.

Gedruckt mit der großzügigen Unterstützung
von Svenska Riksbankens Jubileumsfond.

Gedruckt auf alterungsbeständigem,
säurefreiem Papier.

ISSN 0721-4286
ISBN 978-3-631-56749-4
© Peter Lang GmbH
Internationaler Verlag der Wissenschaften
Frankfurt am Main 2008
Alle Rechte vorbehalten.

Printed in Germany 1 2 3 4 5   7
www.peterlang.de

Inhalt

Karin Hoff

Literatur der Migration – Migration der Literatur

Der Begriff der ›Migrationsliteratur‹ ist in den letzten Jahren viel diskutiert worden, nicht nur weil in der Vermittlung von Literatur an Universitäten durch Dozenten und (Fremdsprachen-)Lektoren und an öffentlichen Kulturinstitutionen die Grenzen eines Nationalliteraturbegriffs zunehmend als unzulänglich erscheinen, sondern weil der Literatur der Migration als Grenzraum zwischen Sprachen und Kulturen nach und nach eine größere Aufmerksamkeit zuteil geworden ist. Von zentraler Bedeutung ist in diesem Zusammenhang auch die Frage, welche Rolle die Literaturvermittlung bei der Erweiterung des Literaturverständnisses jenseits nationaler und kultureller Grenzen spielt.

Der Begriff der Nationalliteraturen hat sich jedoch nicht erst in den letzten Jahren im Zuge der Globalisierungsdebatte und der *postcolonial studies* gewandelt. Der Blick auf die Geschichte der Literatur·zeigt, dass sie immer schon von kulturellen und sprachlichen Grenzüberschreitungen gelebt und profitiert hat. Erst die Entstehung der Nationalliteraturgeschichten im 19. Jahrhundert hat die Vorstellung zementiert, dass literarische Texte und ihre Autoren *einer* Nation und *einer* Literatur angehören, unabhängig von der Tatsache, dass bilinguale Autoren durchaus gleichberechtigt in mehreren Sprachen geschrieben und publiziert haben und dass Literatur niemals nur auf eine (national-)literarische Tradition und Sprache reagiert, sondern dass sie auf Geschichte(n) zurückgreift, welche die nationalliterarischen Grenzen längst überschritten oder sich gar nicht erst um sie gekümmert haben.

Die Untersuchungen zur postkolonialen Literatur, die seit den 1980er Jahren, vor allem von dem Anglisten Homi K. Bhabha vorgelegt wurden, haben sich der Frage nach den Grenzen nationaler Zuschreibungen von Literatur erneut zugewandt. Bhabhas These, dass Kultur immer ›hybrid‹ sei, das heißt Spuren vieler Sprachen, Kulturen und Literaturen aufweise, macht den Begriff der ›Migrationsliteratur‹ geradezu obsolet: Literatur ist immer in Bewegung gewesen und bewegt sich – unabhängig davon, ob ihre Verfasser Migranten sind oder nicht. Migration der Literatur ist aber gerade deshalb aktuell, weil der Umgang mit der Literatur von Migranten, welche die Migration auch zum Thema haben, nach wie vor unklar ist und sich der Frage ausgesetzt sieht, ob allein die Rezeption die Migrationsliteratur erst schafft oder ob sie tatsächlich ein eigenes Feld beschreibt.

Im Februar 2006 fand an der Skandinavistischen Abteilung der Universität Bonn ein Symposion zum Thema *Literatur der Migration – Migration der Literatur* statt, das sich zum Ziel gesetzt hatte, diese Verschiebungen des (National-)Literaturbegriffs in Skandinavien, insbesondere in Schweden, und in Deutschland an einzelnen Beispielen zu untersuchen und zu diskutieren. Aus verschiedenen Perspektiven, der von Autoren und Kultur- und Literaturwissenschaftlern ebenso wie von Kulturvermittlern, wurden die Geschichte, die Voraussetzungen und die Chancen der literarischen Migrationen in den Blick genommen: als ästhetische und insbesondere literarische Herausforderung, als Möglichkeit, den ästhetischen und politischen Kontext zu beschreiben und zu problematisieren, als ästhetisches Experimentierfeld sowie als Beitrag zu einem neu zu definierenden Begriff von ›Weltliteratur‹. Der vorliegende Band versammelt die Beiträge dieses Symposions und ergänzt sie noch um weitere Positionen zur Frage nach den vielfältigen Formen der Migration der Literatur.

So wirft der Germanist Volker Dörr einen kritischen Blick auf den Begriff ›Migrationsliteratur‹ und stellt fest, dass er sich insbesondere an den Autorbiographien orientiert. Fallen unter den Begriff nur solche Texte, die von Migranten geschrieben wurden oder müssen sie auch notwendigerweise die Migration zum Inhalt haben? Eine bestimmte, auf die biographische Situation der Verfasser bezogene Erwartungshaltung an die Texte von Migranten verschiedener Generationen kennzeichnet insbesondere die Literaturkritik. Am Beispiel der Rezeption von Feridun Zaimoglu und Emine Sevgi Özdamar wird deutlich, dass weniger die Texte als vielmehr ihre Rezensenten die Migration zum Thema machen.

Diese Position wird auch von Wolfgang Behschnitt vertreten, der die schwedische Migrationsliteratur der letzten Jahre untersucht und hier ein ähnliches Phänomen der Zuschreibung bestimmter nationaler Stereotypen erkennt. Er plädiert angesichts der sehr unterschiedlichen Texte von Migranten, die in Schweden und auf schwedisch publizieren, für einen Begriff von Literatur jenseits der nationalen Zuschreibungen.

Auf die ästhetischen Möglichkeiten der Bilingualität und des Schreibens in einer anderen, fremden Sprache geht Klaus Müller-Wille ein. Er wendet sich modernistischen Textexperimenten in den 1960er Jahren in Schweden zu, die ganz bewußt die Vielsprachigkeit einsetzen und als ästhetisches (und politisches) Instrument nutzen. Hier kehrt sich der Begriff der Literatur der Migration entschieden um in die Migration der Literatur.

Einer anderen Grenzüberschreitung, nämlich den ambivalenten Bewegungen zwischen Skandinavien und der DDR und deren Dokumentationen, nehmen die Beiträge von Antje Wischmann und Benedikt Jager in den Blick. Während sich Antje Wischmann Reportagebücher schwedischer Autoren vornimmt, die aus unterschiedlichen ideologischen Blickwinkeln ihre Erfahrungen als DDR-Reisende beschreiben und damit ein bestimmtes Bild der DDR konstruieren, untersucht Benedikt Jager die Perspektive von Bürgern der DDR auf Skandinavien. Die wechselseitigen Sympathien spiegeln sich in diesen Aufzeichnungen ebenso wieder wie die Bestätigung und Differenzierung von Vorurteilen.

Zur Überwindung von nationalen Stereotypen und vorgefassten Meinungen kann die Vermittlung von Kultur und Literatur wesentlich beitragen: in Form von Übersetzungen und Begegnungen von Literaten und Künstlern unterschiedlicher Sprachen und Kulturen. Dieser Aufgabe widmet sich das Projekt *litrix.de* unter der Leitung von Anne-Bitt Gerecke, die *litrix.de* als ein Beispiel dafür vorstellt, wie Literatur in Bewegung gesetzt werden, Grenzen überwinden und damit ein Programm von ›Weltliteratur‹ vorantreiben kann.

Wesentlichen Anteil an der Konzeption des Symposions und der Publikation trägt der Schriftsteller und Botschaftsrat für kulturelle Fragen der Schwedischen Botschaft in Berlin Aris Fioretos, selbst ein kultureller Grenzgänger, dessen Beitrag über die »Habseligkeiten« diesen Band einleitet: Die Habseligkeiten bergen eindrucksvoll die Erinnerung an das, was bleibt und das, was verloren gegangen ist – und setzen damit eine neue Erinnerung in Bewegung.

Für die ideelle und großzügige finanzielle Unterstützung sei der Schwedischen Botschaft in Berlin, dem Schwedischen Institut in Stockholm sowie dem Jubiläumsfond der Schwedischen Reichsbank sehr herzlich gedankt. Ohne sie wären weder das Symposion noch das vorliegende Buch möglich gewesen.

Aris Fioretos

Habseligkeiten

1

Ein tickender Wecker, ein großes Federbett, eine verschwitzte Pyjamajacke, die
sich hochgeschoben hatte und im Nacken Wülste bildete, wie bei einer Schild-
kröte – und zwei Augen, die sich nicht öffnen ließen, so tapfer er es auch versuchte. Aus der Küche hörte man das unregelmäßige Klacken von Absätzen auf
dem Fliesenboden. Harte Absätze, kalter Boden. Die Großmutter. Sie schien
allein zu sein. Nach den Geräuschen zu urteilen, richtete sie das Frühstück.

2

Sie waren am Tag zuvor angekommen, in einem Auto, das unter der Last des
Gepäcks schwankte und dessen Rücksitz voller Legosteine war. Weil die Großmutter mit Treppen nicht mehr so gut zurechtkam, war sie am Fenster stehen
geblieben, winkend, bis sie die letzte Tasche in den Hauseingang getragen hatten. Sie wohnte immer noch in der alten Wohnung im siebten Bezirk, in der
seine Mutter aufgewachsen war. Während sie die Treppe hinaufstiegen, erklärte ihm die Mutter, dass die Wohnung früher nicht nur eine Familie mit drei
Kindern beherbergt hatte, sondern auch ein »MODEATELIER FÜR FEINE DAMEN-
KLEIDUNG«. Im dritten Stock konnte er neben der Türklingel noch den dunklen
Fleck sehen, den das Messingschild hinterlassen hatte.

Sie begrüßten die Nachbarin, die am Küchentisch saß und ihm, noch bevor sie sich seinen Eltern zuwandte, eine längliche, in Glanzpapier eingewickel-
te Schachtel überreichte. Dann zeigte Omi ihnen, wo sie schlafen sollten. Die
Wohnungseinrichtung hatte etwas Geheimnisvolles, so als wüsste sie etwas über
ihn, das er selbst noch nicht kannte. Das Päckchen enthielt dünne Schokola-
detäfelchen, die staubten und sich nicht auflösen wollten, als er sie sich auf die
Zunge legte, wie dunkle Oblaten. Er schluckte tapfer, aber die Tränen stiegen
ihm in die Augen. Omi gab ihm ein Glas Milch. Die Schokolade hinterließ eine schlierige Spur, als er die Milch in den Ausguss spuckte. Er beschloss, auf
Entdeckungstour zu gehen, sobald Frau Groddek sich verabschiedet hatte.

Die braunlederne Sitzgruppe, der glänzende Flügel mit seinen kleinen goldenen Füßen, eleganter als das Schuhwerk einer Konkubine, das knarrende

Parkett, die Kachelöfen, die so gut dufteten, und das Wasser aus dem Hahn, das kälter war, als er sich kaltes Wasser je hätte vorstellen können – alles brütete eine rätselhafte Bedeutung aus, als er am selben Nachmittag seine Erkundungsreise unternahm. Die Sofagruppe neben den Hortensien und dem schlaffen Gummibaum verwandelte sich in ein handliches Afrika mit Festland und zwei Inseln, die er aus irgendeinem Grund »Mammabaskar« und »Kanarisinsel« taufte. Mit Hilfe einer Wolldecke und des elterlichen Federbetts wurde der Flügel zur Höhle, möbliert mit Stühlen aus Nietzsches gesammelten Werken und einem Tisch aus Tagores Dichtungen. Die Stein- und Muschelsammlung im Vorraum war die perfekte Wildnis, denn dort flimmerte die erbarmungslose Sonne einer nackten Glühbirne über einer prähistorischen Landschaft. Und auf der Toilette draußen in der Diele war ein naturgetreuer Nordpol samt weißgekacheltem Iglu und gurgelndem Geysir untergebracht.

Aber der Forschungsreisende auf Wollsocken, der den Gehstock einer älteren Dame in der Hand hielt und den verborgenen Mittelpunkt dieser Welt finden wollte, erkannte bald, dass er woanders suchen musste. In dem Raum, der einst das Herrenzimmer gewesen war und noch immer so hieß, stand ein respektgebietender Schreibtisch mit Schubladen, in denen er ständig neue Schätze entdeckte: Messingdosen, die ausländische Münzen aus Zinn und schwarze Knöpfe mit Fadenresten enthielten, kaputte Füllfederhalter, Büroklammern in langen Ketten, steinharte Radiergummis und Bernsteinbrocken, die sich ihren Glanz nur entlocken ließen, wenn er sie mit Spucke und Pulloverzipfel polierte. An der Rückenlehne des Schreibtischstuhls verknotete er das Ende eines Garnknäuels, dessen Faden er kreuz und quer durch das Zimmer laufen ließ und an Tür– oder Fensterklinken befestigte, um ein Bein des Flügels oder um ein Sofakissen wickelte. Danach konnten ferne Kontinente über orangefarbene Telegrafendrähte miteinander Kontakt aufnehmen. Und hinter den Glastüren des Bücherschranks lebte Großvaters Privatbibliothek in ungestörter Ruhe weiter. Nur ein paar von den Zeichnungen, die er der Großmutter geschickt hatte, im Austausch gegen Fehlersuchbilder, die sie für ihn aus der Abendzeitung ausschnitt, hatten die Ehre, den Büchern Gesellschaft zu leisten. Leicht, geradezu unbekümmert ruhten sie auf den schweren Leinenbänden mit ihrem vergoldeten Blattschnitt und ihren in Frakturschrift geprägten Rücken, die so ernst aussahen, wie nur deutsche Bücher es können.

Dennoch hätte kein minderjähriger Entdecker das dunkle Herz des Daseins in diesem Zimmer gefunden, wo nach wie vor die meisten Angelegenheiten des täglichen Lebens erörtert wurden. Erst als er sich ins innerste Gemach vorwagte, in Omis Schlafzimmer, begegnete er dem wahren Herrscher der Wohnung. Der finstere Raum roch nach Anis und Mottenkugeln und alter Frau. Über einer Stuhllehne lag ein Paar lebloser brauner Nylonstrümpfe, dünn wie die Flossen von Aquarienfischen, an der Wand lehnte eine Krücke. Früher hatte das Zimmer als Schneiderwerkstatt gedient – und dort, in der dunkelsten Ecke, neben der Nähmaschine, die ihn an eine mechanische Spinne erinnerte und ihn deshalb zugleich ängstigte und faszinierte, sah er die Schneiderpuppe. Ihr ausgestopfter Oberkörper war mit dunkelbraunem Leinen bezogen und auf ein Holzgestell montiert, das mit einem Fuß aus Metall verschraubt war. Arme, Beine und Kopf fehlten, aber die weichen Hüften, die grazilen Schultern und die eleganten Wölbungen in Brusthöhe verrieten, dass es sich nur um eine Frau handeln konnte. Wenn er mit dem Hut, den er auf einem Stapel Schuhkartons gefunden hatte, sorgfältig genug zielte, segelte er durch die Luft, über das Bett und in den Winkel – wo er am abgehackten Hals der Puppe abprallte und zu Boden fiel. Bevor er den Hut aufhob, konnte er es nicht lassen, die Handflächen gegen den Rumpf der Puppe zu pressen. Unter dem Stoff fühlte er unzählige Hohlräume. Er drückte den Zeigefinger in eine der Ausbuchtungen und dachte, sie sei wie ein Nabel. Ja, hier war der Ursprung der Welt.

3

Während der Nacht musste der Sandmann ihm die Augen zugemauert haben. So sehr er es auch versuchte, er konnte sie nicht öffnen. Jetzt lag er im Bett der Eltern und drückte vorsichtig die Finger gegen die Verhärtungen. Er versuchte, mit einem Fingernagel ein wenig von dem Belag abzukratzen, aber es tat zu weh. Langsam fühlte er Panik in seiner Brust aufsteigen. Wenn er nun nie wieder sehen könnte! Als er die Hand ausstreckte und in der leeren Luft herumtastete, entschied er sich jedoch, nicht zu rufen. Es würde ihn ohnehin niemand hören. Jetzt war ihm klar, dass über Nacht Umwälzungen stattgefunden hatten.

»Heissi.« Er spürte, wie die Großmutter sich auf die Bettkante setzte. »Was ist los?«

»Meine Augen. Ich bin blind.«

»Hm.« Omi drückte ihre kühlen Fingerspitzen auf seine Augenlider. »Hm.« Die Fingerspitzen, weich und fest zugleich, wanderten bis zur Stirn hinauf. Im nächsten Moment fühlte er Großmutters ganze Handfläche. »Hm«, wiederholte sie, als er fragte, wo denn seine Eltern seien. Sie stand auf und verließ das Zimmer, ohne auf die Frage zu antworten. Er hörte sie in der Küche den Wasserhahn aufdrehen, dann am Herd klappern. Als sie einige Minuten später zurückkam, erklärte sie: »Die Fußkranke führt den Blinden. Meine Hände müssen deine Augen sein. Hier. Und hier.« Sie half ihm, die Füße in ein Paar viel zu große Filzpantoffeln zu stecken. Als sie ihn in die Küche geführt hatte, rückte sie einen Stuhl zurecht, bat ihn, Platz zu nehmen und sich über den Tisch zu beugen, und legte ihm ein Handtuch über den Kopf. Brühheiße Dämpfe schlugen ihm entgegen. Es roch nach Pfefferminz und etwas anderem, vielleicht Kamille.

Leise begann die Großmutter, von der Schneiderpuppe zu erzählen. Als im letzten Kriegsjahr die Bombenangriffe zugenommen hätten, erklärte sie, sei sie mit den Kindern und ihrem Nähzeug hinaus aufs Land gefahren. In einem Dorf, das ein paar Stunden Zugfahrt von der Hauptstadt entfernt lag, mieteten sie sich auf einem Bauernhof ein. Großvater, der damals schon krank war, blieb in der Stadt zurück und tat, was er konnte, um sie mit Geld zu versorgen. »Die Schneiderpuppe stand in unserer Wohnung am Fenster. Am 20. April ließ ich die Kinder zum ersten Mal allein. Frau Groddek war bei uns zu Besuch gewesen und hatte ihre Strickjacke vergessen. Ich nahm den Zug zum nächstgrößeren Ort, und ich wusste, dass ich dort einige Stunden auf den Anschluss zur Stadt warten musste. Konrad sollte auf die Mädchen aufpassen.«

Während Großmutter fort war, kamen deutsche Truppen im Dorf an, auf dem Rückmarsch von der Front. Die Ortsgruppenleitung hatte auf dem Sportplatz Bänke aufgestellt und Fahnen gehisst. Gegen Abend wollte man den Geburtstag des Führers feiern. Die Kinder hatten darüber diskutiert, ob sie hingehen sollten oder nicht. Konrad wollte gehen, aber die Mutter hatte es verboten. Schließlich einigten sich die Kinder, dass sie zum Sportplatz gehen, aber Omi nichts davon sagen würden. Sie waren kaum dort angekommen, jeder mit einem Becher in der Hand (alle Kinder sollten zu heißer Schokolade und Kasperletheater eingeladen werden), als man ein Grollen über den Baumwipfeln hörte. Im nächsten Moment tauchten die ersten russischen Flugzeuge auf. In aller Eile wurde die Festlichkeit abgebrochen. Frauen und Kinder erhielten die Anordnung, sich im Wald zu verstecken, die Soldaten gingen in Verteidigungsstellung. Dann brach die Hölle los.

Mehrere Stunden war seine Mutter herumgeirrt, mit Edith an einer Hand und ihrem Becher in der anderen. Wohin es Konrad verschlagen hatte, wussten sie nicht. Schließlich sahen sie etwas Rotes zwischen den Bäumen. Es war eine Frau aus dem Dorf, die sich unter einer entwurzelten Fichte versteckt hatte. Sie nahm sich der Kinder an. Erst bei Einbruch der Nacht wagten die drei, zum Dorf zurückzuwandern. Dort stand alles in Flammen. Als seine Mutter und Edith heimgefunden hatten, stellte sich heraus: Ihr Haus war als einziges in der Nachbarschaft stehen geblieben. Im zweiten Stock fanden sie den Bruder, der sich in eine Ecke verkrochen hatte und weinte, als ob er nie wieder aufhören wollte. Überall lagen Mörtelbrocken und Glasscherben. Die Möbel waren umgestürzt und beschädigt. In der Küchenwand gähnte ein großes Loch, durch das man sehen konnte, wie die Hühner unten im Hof herumirrten.

»All unsere Habseligkeiten waren zerstört. Nur die Puppe war heil geblieben. Während des Bombenangriffs hatte sie die ganze Zeit am Fenster gestanden. Erst

als wir am nächsten Morgen aufräumten, entdeckte Lily die Einschusslöcher.«
Mit verschnupfter Nase wollte er wissen, was das sei, »Habseligkeiten«. Die
Großmutter goss heißes Wasser nach und erklärte, das seien selige Dinge – wie
eben die Puppe im Schlafzimmer. Sie erinnerten einen daran, was man verloren
hatte.

»Aber du hast doch das alles«, protestierte er, hob schniefend die Hand über
seinen verhüllten Kopf und deutete vage in alle Richtungen.

»Nichts, was mich daran erinnert, wie ich meine Zuversicht verloren habe.«

4

Je länger die Großmutter redete, desto mehr vom Mörtel des Schlafs löste sich in
den Dämpfen auf. Bald konnte er wieder sehen. Er warf das Handtuch von sich
und lief ins Schlafzimmer. Einen Augenblick blieb er auf der Schwelle stehen,
zögernd, unsicher, obwohl er schon wusste, was er tun würde. Dann ging er
auf die Schneiderpuppe zu und umarmte sie. Nach dem Dampfbad brauchte er
nicht mehr die Zähne zusammenzubeißen.

Deutsch von Kristina Maidt–Zinke
Erstveröffentlicht in: Süddeutsche Zeitung, 6. August 2005

Volker C. Dörr

Deutschsprachige Migrantenliteratur

Von Gastarbeitern zu Kanakstas, von der Interkulturalität zur Hybridität

Was das Thema »Literatur der Migration – Migration der Literatur« betrifft, so herrscht in der deutschen Literaturwissenschaft nicht geringe Unklarheit darüber, wovon man eigentlich sprechen soll, und dies hängt unmittelbar damit zusammen, dass nicht immer ganz klar ist, worüber man eigentlich sprechen will. Unzweifelhaft ist nur, dass man nicht mehr, wie noch zu Beginn der Betrachtungen, von ›Gastarbeiterliteratur‹ sprechen kann – und sei es nur deswegen, weil es keine Gastarbeiter mehr gibt, oder genauer: weil sich die Erkenntnis durchgesetzt hat, dass es nie Gastarbeiter gegeben hat.

Bei genauerem Hinsehen erweisen sich die Dinge dann als höchst kompliziert:[1] Hat es sich denn tatsächlich um Gastarbeiterliteratur gehandelt, wenn sie jemand produziert hat, der nicht nur eigentlich kein *Gast*arbeiter gewesen ist, sondern auch kein Gast*arbeiter* – weil er oder sie z. B. Ingenieur ist oder Germanistin?[2] Handelt es sich auch dann um Migrationsliteratur, wenn ein in Deutschland lebender Deutscher über die Vertreibung von ›Volksdeutschen‹ nach dem Zweiten Weltkrieg schreibt? Handelt es sich um Migrantenliteratur, wenn jemand schreibt, der aus politischen Gründen aus Syrien emigriert ist?[3] Handelt es sich um Emigrantenliteratur, wenn jemand schreibt, der im Zuge der Familienzusammenführung aus der Türkei nach Deutschland gekommen ist?[4] Dass es einen spezifischen literaturwissenschaftlichen Gegenstand konstituiert, wenn jemand die Erfahrung der Migration am eigenen Leib erlebt hat und dann darüber schreibt, scheint unstrittig. Aber was ist eigentlich das Besondere daran, wenn jemand, der seit seiner Kindheit (oder gar von Geburt an) in Deutschland lebt, Literatur auf Deutsch schreibt?

Wenn man versucht, ein wenig Ordnung in die Dinge zu bringen, bietet sich folgende Unterscheidung an: Man kann entweder danach fragen, wie Literatur aussieht, die von Menschen mit Migrationserfahrung geschrieben wird;

---

1 Überblicke über terminologische Fragen geben: Sabine Keiner: Von der Gastarbeiterliteratur zur Migranten- und Migrationsliteratur – literaturwissenschaftliche Kategorien in der Krise?, in: Sprache und Literatur, 30, H. 83, S. 3–14; Aglaia Blioumi: ›Migrationsliteratur‹, ›interkulturelle Literatur‹ und ›Generationen von Schriftstellern‹, in: Weimarer Beiträge 46, 2000, S. 595–601.

2 Wie etwa Kemal Kurt bzw. Alev Tekinay.

3 Wie etwa Rafik Schami.

4 Wie z. B. Mehmet Ünal.

oder danach, was es bedeutet, wenn es in Literatur um Migration geht. Im ersten
Fall bietet sich der Begriff ›Migrantenliteratur‹ an, im zweiten der Begriff ›Migrationsliteratur‹. Und dennoch birgt auch diese Unterscheidung einige nicht
unerhebliche Probleme: Bedeutet es nicht z. B. eine literaturwissenschaftliche
Anwendung des *ius sanguinis*, wenn man die Texte eines Autors dann zur Migrantenliteratur zählt, wenn gar nicht er selbst, sondern seine Eltern migriert
sind? (Genauer betrachtet ist doch der Begriff ›Migrant zweiter [oder gar dritter]
Generation‹ nicht nur kontradiktorisch, sondern auch latent rassistisch, denn Migranten zweiter Generation sind in Deutschland aufgewachsen und Migranten
dritter Generation ja sogar hier geboren.) Oder: wie legitim ist eigentlich das Be-
dürfnis, einen Begriff für beides zugleich, für die Zuordnung nach Produzenten,
wie diejenige nach Themen, prägen zu wollen? Was verbindet Migrationsliteratur von Nicht-Migranten mit Migrantenliteratur, die mit Migration nichts zu
tun hat? Oder anders herum: Ist es nicht vielleicht so, dass man vom Migranten *erwartet*, dass er über Migration schreibt? Und dass Migrationsliteratur dann
authentischer wird, wenn der Autor selbst Migrant ist (oder wenigstens seine
Eltern es sind)?[5]

Zu Zeiten als man noch von Gastarbeiterliteratur sprach, lagen die Verhältnisse noch vergleichsweise einfach. Die Tatsache, dass man sich dem Gegenstand zuerst vom Boden der Disziplin »Deutsch als Fremdsprache« aus zuwandte, spiegelt sich auch darin wider, dass sich die Autoren gewissermaßen ihre Zu-
gehörigkeit zur deutschen Literatur erschreiben sollten – dies allerdings natürlich weniger in sprachpraktischer Hinsicht (im Gegenteil: ein gewisses Maß an
Fremdheit – eine »kunstvoll erschwerte Sprache«– wurde geradezu als Quali-
tätsmerkmal verstanden);[6] vielmehr ging es darum, dass Gastarbeiterliteratur, wie
Harald Weinrich 1983/84 forderte, »ihren Beitrag zur deutschen Literatur leisten« solle;[7] sie solle der deutschen Literatur eine »poetische Mitgift« mitbringen
– in Gestalt allerdings nicht spezifischer ästhetischer Merkmale, sondern inhalt-
licher. Erwünscht war nämlich ein »Zuwachs an existentieller und gesellschaftlicher Erfahrung«.[8] Gemeint sind damit die Erfahrungen von Migration und Exil
als existentielle Erfahrungen der Autoren; und da Autoren, die immer schon
Deutsche gewesen sind, diese Erfahrungen nicht gemacht haben können, er-

---

5   Vgl. dazu auch Verf.: »Gastarbeiter« vs. »Kanakstas«: Migranten-Biographien zwischen Alte-
    rität, Hybridität und Transkulturalität, in: AutoBioFiktion. Konstruierte Identitäten in Kunst,
    Literatur und Philosophie, hg.v. Christian Moser und Jürgen Nelles, Bielefeld 2006, S. 145–
    165.
6   Harald Weinrich: Um eine deutsche Literatur von außen bittend, in: Merkur 37, 1983, S. 911–
    920; S. 918.
7   Harald Weinrich: Gastarbeiterliteratur in der Bundesrepublik Deutschland, in: Zeitschrift für
    Literaturwissenschaft und Linguistik 14, 1984, H. 56, S. 12–22; S. 13.
8   Weinrich: Um eine deutsche Literatur [Anm. 6], S. 917.

weist sich der Zuwachs als Nettozugewinn. Hier, am Anfang, geht es also genau um die Schnittmenge der Hinsichten: Literatur von Migranten soll eben
auch Literatur über Migration sein, damit sie tatsächlich eine inhaltliche »Mitgift« mitbringt, etwas, was der Beschenkte nicht schon hat. Allerdings gilt auch
der Umkehrschluss, denn wenn es darum geht, in Literatur existentielle Erfahrungen darzustellen, dann kann Literatur über Migration nur Literatur sein, die
auch von Migranten geschrieben worden ist.

Es besteht der Verdacht, dass diese untrennbare Kopplung bis heute den Erwartungshorizont gegenüber Literatur von Migranten oder von Autoren mit familiärem Migrationshintergrund (oder sollte man gar böswilligerweise unterstellen: von Autoren mit fremdländisch klingendem Namen, deren Bücher gleichwohl nicht aus einer fremdländischen Sprache übersetzt sind?) entscheidend bestimmt − und dies nicht nur im Falle des von Weinrich initiierten Adelbertvon-Chamisso-Preises, der seit 1985 von der Robert Bosch Stiftung an, so die
offizielle Formulierung (im Jahre 2005), »Autoren nichtdeutscher Muttersprache
[verliehen wird], die mit ihrem Werk einen wichtigen Beitrag zur deutschsprachigen Literatur leisten«.[9]

Aber diese Festlegung einer Produzentengruppe auf ein bestimmtes Produkt
ist seinerzeit übrigens nicht nur von einer bestimmten Rezipientengruppe getroffen worden, sondern auch von wichtigen Vertretern der Produzenten selbst:
Franco Biondi, Autor italienischer Herkunft, und der aus Syrien kommende Rafik Schami hatten bereits im Jahr 1981 ihre Literatur als »Literatur der Betroffenheit« etikettiert;[10] damit wurde eben behauptet, das Spezifikum dieser Literatur
seien eigentlich nicht die Inhalte oder die Autoren, sondern die Art der Beziehung der Autoren zu ihren Inhalten, eben der Modus der Betroffenheit. In
Literatur von Migranten artikuliert sich ihr Betroffensein von der Migration −
doch wohl als einer existentiellen Erfahrung.

Solche inhaltlichen Bestimmungen erwarten also bestimmte Inhalte. Es stellt
sich nun die Frage, wie es denn mit formalen Bestimmungen aussieht. Ein Konzept, das häufig von denjenigen herangezogen wird, die mehr oder minder verkappte kolonialistische Vereinnahmungen vermeiden wollen, ist dasjenige, das
Gilles Deleuze und Félix Guattari an Kafka entwickelt haben: das Modell der

---

9 Zit. nach der Homepage der Robert Bosch Stiftung, http://www.bosch-stiftung.de/foerderung/jugend/fr_02050000.html?/foerderung/jugend/02050901.html (Stand: 15.4.2005). Inzwischen lautet die Formulierung: »Berücksichtigt werden Autoren, deren Muttersprache und kulturelle Herkunft [!] nicht die deutsche ist, die mit ihrem Werk
   einen wichtigen Beitrag zur deutschsprachigen Literatur leisten.« (http://www.boschstiftung.de/content/language1/html/4595.asp; Stand: 5.11.2006.)
10 Vgl. Franco Biondi / Rafik Schami: Literatur der Betroffenheit. Bemerkungen zur Gastarbeiterliteratur, in: Zu Hause in der Fremde. Ein bundesdeutsches Ausländer-Lesebuch, hg. v.
   Christian Schaffernicht, Fischerhude 1981, S. 124–136; zit. nach: Keiner [Anm. 1], S. 5.

»kleinen Literatur«.[11] »Eine kleine oder mindere Literatur«, so Deleuze / Guattari, »ist nicht die Literatur einer kleinen Sprache, sondern die einer Minderheit, die sich einer großen Sprache bedient.«[12]

Dass sich eine Minderheit der Sprache der Mehrheit bedient, sieht zunächst wie eine sehr plausible Beschreibung der Situation von Migranten aus. Allerdings fallen darunter nicht die Migranten zweiter (oder höherer) Generation, denn der Fall, dass die Sprache der Mehrheit einfach die Sprache eines Autors ist, dass er also einfach in der Sprache schreibt, in die hinein er aufgewachsen ist – dieser Fall ist doch wohl von dem Modell ausgeschlossen.

Zunächst sieht es so aus, als ließen sich tatsächlich die konstitutiven Merkmale einer ›kleinen‹ Literatur im Sinne von Deleuze / Gutattari an Texten, die von Autoren nicht-deutscher Herkunft stammen, nachweisen. Drei »charakteristische Merkmale« machen nach Deleuze und Guattari eine ›kleine Literatur‹ aus: »Deterritorialisierung der Sprache, Kopplung des Individuellen ans unmittelbar Politische, kollektive Aussageverkettung;«[13] »kollektive Aussageverkettung« soll dabei heißen, dass der »Schreibende«, der sich »am Rande oder außerhalb einer Gemeinschaft befindet«, in der »Lage [ist], eine mögliche andere Gemeinschaft auszudrücken, die Mittel für ein anderes Bewußtsein und eine andere Sensibilität zu schaffen«. Und vor allem wegen des politischen Potentials, das einer ›kleinen Literatur‹ schon wegen ihrer Randständigkeit zugesprochen wird, wirkt das Modell natürlich attraktiv – denn ein Politikum ist die Migration nicht nur als politische, sondern auch als poetische Kategorie.

Klar aber ist, dass sich im Kriterium der »kollektiven Aussageverkettung« wieder ein Moment der inhaltlichen Präskription verbirgt; dann nämlich, wenn die Möglichkeit, »eine mögliche andere Gemeinschaft auszudrücken, die Mittel für ein anderes Bewußtsein und eine andere Sensibilität zu schaffen«, zur Erwartung führt, dass jene auch realisiert wird.

Nun ist aber die Situation der Minderheit in der Umgebung einer großen Sprache nicht die einzige Möglichkeit, kleine Literatur zu produzieren. Kleine

---

11   Vgl. Heidrun Suhr: Ausländerliteratur. Minority Literature in the Federal Republic of Germany, in: New German Critique 1989, Nr. 46, S. 71–103; S. 72 f.; Sigrid Weigel: Literatur der Fremde – Literatur in der Fremde, in: Gegenwartsliteratur seit 1968, hg. v. S. W. u. Klaus Briegleb, München 1992, S. 182–229; S. 229; Immacolata Amodeo: »Die Heimat heißt Babylon«. Zur Literatur ausländischer Autoren in der Bundesrepublik Deutschland, Opladen 1996, S. 86; Arlene A. Teraoka: East, West and Others: The Third World in Postwar German Literature, Lincoln u. a. 1996, S. 3 f.

12   Gilles Deleuze / Félix Guattari: Kafka. Für eine kleine Literatur, Frankfurt a. M. 1976, S. 24. Dass mit der Opposition klein vs. groß keine Hierarchisierung impliziert wird, präzisiert Sigrid Weigel im letzten Band von *Hansers Sozialgeschichte der deutschen Literatur*: »einer großen Sprache« soll heißen: »nicht einer groß-*wertigen* Sprache, sondern der Sprache einer großen Sprachgruppe bzw. der Mehrheit« (Weigel [Anm. 11], S. 229 [Hervorh. V. D.]).

13   Deleuze / Guattari [Anm. 12], S. 27.

Literatur zu produzieren kann auch heißen, die »Vielsprachigkeit in der eigenen Sprache verwenden, von der eigenen Sprache kleinen, minderen oder intensiven Gebrauch machen, das Unterdrückte in der Sprache dem Unterdrückenden in der Sprache entgegenstellen«.[14]

Der Terminus des »intensiven Gebrauchs« erinnert aber stark an das strukturalistische Moment der poetischen Alterität. Oder, wie Immacolata Amodeo plausibel gemacht hat, an Michail Bachtins Charakterisierung der »Ästhetik des Wortes«: Auch die dort entwickelte Dichotomie von zentripetaler ›Einheitssprache‹ und zentrifugaler Redevielfalt, Dialogizität,[15] scheint sich zunächst dafür anzubieten, zur Charakterisierung von Migrantenliteratur oder Migrationsliteratur herangezogen zu werden. Denn Redevielfalt, Dialogizität, zentrifugale Kräfte, die das homogensierende Moment der Einheitssprache womöglich subvertieren, sich ihm jedenfalls nicht unterwerfen, machen doch vielleicht die entscheidende Qualität von Migrantenliteratur aus.

Dem ist allerdings entgegenzuhalten, dass durch die genannten Momente gerade doch das Moment der Literarizität selbst bezeichnet wird – was vielleicht noch deutlicher wird, wenn man, Julia Kristeva folgend, das Moment der Dialogizität mit demjenigen der Intertextualität engführt.[16] Das heißt, sofern die Form des Zentrifugalen nicht genauer bestimmt wird, fehlt die spezifische Differenz von Migrantenliteratur zur Literatur als solcher, und das Moment des Zentrifugalen kann bestenfalls als ästhetisches Qualitätskriterium verwendet werden – wie etwa eine unterschiedslose Verwendung von Einheitssprache einen Trivialitätsverdacht provoziert. An zweierlei ist dabei zu erinnern: Weder stellen sich ästhetische Qualität oder die Qualität des Ästhetischen notwendigerweise schon dann ein, wenn der Produzent des Artefakts einem bestimmten Kollektiv angehört (auch ein noch so authentischer Text über Migration ist nicht schon deswegen auch ästhetisch hochwertig); noch kommt in der Bestimmung des Moments der poetischen Alterität der Produzent des poetischen Produkts überhaupt vor. Und tatsächlich ist es ja mehr als fraglich, dass ein bestimmtes poetisches Moment, etwa eine (bewusst) falsche Übersetzung aus einer fremden Sprache in die Sprache des Textes und seiner Leser, als textuelles Moment dadurch bestimmt wird, dass jene andere Sprache die Muttersprache des empirischen Autors ist.

Ähnliches gilt schließlich auch, wenn das ebenfalls von Deleuze / Guattari entlehnte Konzept des ›Rhizoms‹ zur Definition von Migrantenliteratur heran-

---

14 Ebd., S. 38 f.
15 Vgl. Michail M. Bachtin: Das Wort im Roman, in: ders.: Die Ästhetik des Wortes, hg. v. Rainer Grübel. Frankfurt a. M. 1979. S. 144–300.
16 Vgl. Julia Kristeva: Bachtin, das Wort, der Dialog und der Roman, in: Literaturwissenschaft und Linguistik. Ergebnisse und Perspektiven, hg. v. Jens Ihwe, 3 Bde., Frankfurt a. M. 1972, Bd. 3, S. 345–375.

gezogen werden soll. Denn eine »rhizomatische Ästhetik«, also ein anti-hierar-
chisches, nicht zentriertes »Nebeneinander, Übereinander und Miteinander von
Fremdem und Eigenem, von verschiedenen Stimmen und Sprachen«[17], das Immacolata Amodeo zufolge »diese Literatur [sc. die »Literatur ausländischer Autoren in der Bundesrepublik Deutschland«] auszeichnet«, »kommt zustande aufgrund von Kulturkontakten, von Überlagerungen kultureller Traditionen und
aufgrund kultureller Vermischungen«.[18] Dies aber gilt entweder für jede Literatur, die diesen Namen verdient – und zwar dann, wenn das Attribut »kulturell«
auf textuelle Momente bezogen wird. Oder – wenn es die *dargestellten* kulturellen Momente, etwa im narrativen Text erzählte kulturelle Praxis, meint – es
bedeutet erneut eine Präskription von Inhalten. Das kann aber doch nicht gemeint sein: Migrantenliteratur sei dadurch charakterisiert, dass in ihr die »Überlagerungen kultureller Traditionen« dargestellt wird; denn das hieße, die implizite Erwartung, ›eigentliche‹ Migrantenliteratur sei auch Migrationsliteratur, zur
Definition zu machen.

Nun lässt sich aber natürlich die Form, die Momente des Zentrifugalen, der
Rhizomatik in Migrantenliteratur annehmen, noch genauer bestimmen: Zwar
findet sich ein »Übereinander und Miteinander von Fremdem und Eigenem,
von verschiedenen Stimmen und Sprachen«, Bachtin zufolge, in jedem dialogi-
schen literarischen Text; aber unter den Sprachen, verstanden als Nationalspra-
chen, lassen sich natürlich jeweils zwei auszeichnen: die Sprache, in der oder
in die hinein der Text geschrieben ist, und die Sprache, die die Muttersprа-
che der Autorin bzw. des Autors ist. Und natürlich liest man einen deutschen
literarischen Text anders, wenn er nicht nur fremdsprachiges Wortmaterial, un-
gewöhnliche Lehnprägungen, wörtlich übersetzte Metaphern enthält, sondern
wenn die Ursprungssprache dieses anderen Materials zudem noch die Muttersprache des Autors ist. Dennoch bleibt mehreres festzuhalten – zum einen: Solche Effekte unterscheiden sich auf der Ebene des Textes absolut nicht von solchen, die erzielt werden, wenn ein deutschsprachiger Autor mit fremdsprachiger Kompetenz dasselbe Verfahren anwendet; zum anderen taugen auch diese
Merkmale eher zur – diesmal formalen – Präskription als zur Deskription (denn
natürlich resultieren solche sprachlichen Alteritätssignale nicht notwendig aus
der Tatsache, dass jemand in einer Sprache schreibt, die nicht seine Muttersprа-
che ist); drittens schließlich bürgen auch solche Verfahren nicht notwendig für
literarische Qualität.

Aber dennoch: man liest einen literarischen Text anders, wenn seine sprachliche Alterität nicht nur eine besondere Ausprägung poetischer Alterität ist (wo-

---

17 Amodeo [Anm. 11], S. 123; vgl. Gilles Deleuze, Félix Guattari: Rhizom, Berlin 1977.
18 Amodeo [Anm. 11], S. 109 f. [Hervorh. V. D.].

bei ›poetische Alterität‹, strukturalistisch verstanden, ein Definiens des Poetischen ist), sondern genuin auf den Autor bezogen. Dass aber eine Fremdsprache, deren Spuren sich im Text finden, die Muttersprache des Autors ist, ist kein Moment des Textes selbst, sondern eine Information, die meist paratextuell, also etwa durch den Klappentext, transportiert wird. Signalisiert wird sie oft ja sogar schon durch das Titelblatt, den fremdländisch klingenden Autornamen, der – für deutsche Leser – entweder eine Übersetzung oder einen zur deutschsprachigen Literatur ›nicht-deutscher‹ Autoren zählenden Text avisiert. Erwartungshorizonte konstituieren sich eben zum großen Teil aus Vorurteilen – und dies nicht nur im nicht-pejorativen hermeneutischen Sinne des Begriffs. Zu solchen paratextuellen Fremdheitssignalen gehören natürlich auch fotographische Autorenporträts, die – im Falle von Autorinnen oder Autoren mit hinreichend nicht-kaukasischem Aussehen – auf genau die gleiche Weise wirken. Paratextuelle Rhetorik und v. a. paratextuell transportierte Information aber sind absolut notwendig, damit die Alterität eines Textes als im engeren, überkommenen Sinne interkulturell wahrgenommen werden kann.

Damit erweist sich Migrantenliteratur im strikteren Sinne als eine Textsorte, die in einem Maße, wie man es sonst nur von Autobiographien kennt, auf Paratextualität angewiesen ist. Man könnte sogar versucht sein, von einem ›interkulturellen Pakt‹ zu sprechen – wenn dem nicht zwei Momente entgegenstehen würden: zum einen, dass Philippe Lejeunes Begriff des »autobiographischen Pakts«[19] gerade versucht, die Autobiographizität eines Textes als Merkmal des Textes selbst zu beschreiben (m. E. erfolglos: denn ein Text ist, vereinfacht gesagt, nicht dann eine Autobiographie, wenn Autor, Erzähler und Figur nicht nur denselben Namen tragen, sondern identisch sind [was immer das in einem logisch einwandfreien Sinne heißen soll], sondern eine Autobiographie ist ein Text, von dem der Paratext, aus berufenem Munde und unwidersprochen, behauptet, er sei eine Autobiographie); der zweite Grund, warum man nicht von einem ›interkulturellen Pakt‹ sprechen sollte, liegt in der Schwäche des Begriffs der Interkulturalität.

Zwar ist es faktisch nicht immer, schon gar nicht notwendigerweise so, dass der Begriff Interkulturalität, wie etwa Wolfgang Welsch kritisiert hat, Vorstellungen von Kulturen als abgeschlossenen homogenen Einheiten voraussetzt;[20] aber er tut es vielleicht hinreichend oft, um *per se* in den Verdacht der Unschärfe zu geraten. Und auch wenn er keine implizite Aussage über dasjenige macht,

19 Vgl. Philippe Lejeune: Der autobiographische Pakt, in: Die Autobiographie. Zu Form und Geschichte einer literarischen Gattung, hg. v. Günter Niggl, Darmstadt 1989 (Wege der Forschung, Bd. 565), S. 214–257.
20 Vgl. etwa Wolfgang Welsch: Transkulturalität, in: Zeitschrift für Kulturaustausch 1, 1995, S. 39–45.

›zwischen‹ dem er sich ansiedelt: die dem Begriff der Interkulturalität inhärente
räumliche Vorstellung ist – analog zu Prägungen wie ›Internationalität‹ und ›In-
terdisziplinarität‹ – eindimensional. Das Dazwischen realisiert sich nicht als zwei-
dimensionaler Raum, sondern als eindimensionale Linie, als zu überschreitende
Grenze – wobei im Falle der Interkulturalität der Verdacht besteht, die Grenze
konstituiere sich genau im Moment der Überschreitung und die interkulturelle
Relation definiere die beteiligten Kulturen erst.

Zuletzt, seit den letzten Jahren des 20. Jahrhunderts, hat sich in der literaturwissenschaftlichen Beschreibung der Literatur von Migranten, oft im expliziten Anschluss an Homi K. Bhabha, der Begriff der Hybridität als Bezeichnung für das Phänomen eines Schreibens ›zwischen‹ den Kulturen weitgehend
durchgesetzt. Dieser Begriff ist zwar höchst attraktiv (nicht zuletzt wohl, weil er,
als aus Diskursen des Postkolonialismus importierter, eine kulturwissenschaftli-
che Orientierung signalisiert); er ist aber keineswegs unproblematisch. Zuweilen
lässt sich schlicht eine gewisse »Kurzschlüssigkeit, mit der hierbei Postkolonialismus und Migrantenliteratur aufeinander bezogen werden«[21], beobachten. Zudem birgt der Begriff der Hybridität eine Reihe von Problemen, die sich auf
einer Skala zwischen zwei extremen Positionen, einer allzu abstrakten, einer
allzu konkreten, anordnen lassen: Wenn mit Hybridität das Moment des Zu-
sammengesetztseins einer Kultur gemeint ist, dann bedeutet das nicht das Merkmal einer bestimmten, eben zusammengesetzten Kultur, sondern charakterisiert
Kultur selbst; denn, darauf haben Elisabeth Bronfen und Benjamin Marius hingewiesen, wenn alles »hybrid« heißt, »was sich einer Vermischung von Traditi-
onslinien verdankt«, dann ist Kultur immer hybrid. Spätestens in der gegenwärtigen »Situation der Massenmigration, der globalen Zirkulation von Zeichen,
Waren, Informationen« ist »Hybridität weder ein spezielles Merkmal noch eine zu vermeidende Gefahr, sondern ein grundlegendes Charakteristikum jeder
Kultur«.[22] Dieser Begriff von Hybridität ist daher lediglich dazu geeignet, darauf
aufmerksam zu machen, dass Kulturen generell nicht homogen sind; nicht mehr
dazu, spezifische Kulturen zu qualifizieren. Wenn es keine nicht-hybride Kultur
(mehr) gibt, ist ›hybride Kultur‹ ein Pleonasmus.

Es lässt sich andererseits jedoch auch ein Gebrauch des Begriffs nachweisen,
der ›hybride Kulturen‹– etwa die Kultur von Migranten, die als aus einer ›ent-

21 Petra Günther: Die Kolonisierung der Migrantenliteratur, in: Räume der Hybridität. Postko-
    loniale Konzepte in Theorie und Literatur, hg. v. Christof Hamann und Cornelia Sieber unter
    Mitarbeit von Petra Günther, Hildesheim u. a. 2002 (Passagen / Passages, Bd. 2), S. 151–160;
    S. 153.
22 Elisabeth Bronfen / Benjamin Marius: Hybride Kulturen. Einleitung zur anglo-amerikani-
    schen Multikulturalismusdebatte, in: Hybride Kulturen. Beiträge zur anglo-amerikanischen
    Multikulturalismusdebatte, hg. v. Elisabeth Bronfen, Benjamin Marius und Therese Steffen,
    Tübingen 1997 (Stauffenburg Discussion, Bd. 4), S. 1–30; S. 14, S. 17 f.

sendenden‹ und einer ›aufnehmenden‹ Kultur zusammengesetzt gedacht wird – als besondere, aus homogenen Einzelkulturen gemischte Kulturen zu begreifen versucht.[23] Dort ist dann Hybridität bloß ein neues Etikett für Interkulturalität – womit die doch vorausgesetzte Inhomogenität von Kulturen aus dem Blick gerät.

Zu fragen ist – oder ehrlicher: wäre – daher, ob das postkolonialistische Konzept der Hybridität notwendigerweise entweder lediglich einen neuen Namen für Interkulturalität bedeutet oder eine Eigenschaft von Kulturalität bezeichnet, die faktisch immer vorliegt.

Nach diesen theoretischen Gedankensplittern möchte ich noch, ebenfalls nur kurz und paradigmatisch, auf die Rezeption zweier literarischer Texte zu sprechen kommen, um wenigstens anzudeuten, wie charakteristisch die eben skizzierten Erwartungshaltungen sind – weniger für die Bücher als vielmehr für deren Lektüre durch das Feuilleton. Als Autoren habe ich zwei der vielleicht prominentesten auf dem Feld der Migrantenliteratur ausgewählt: Emine Sevgi Özdamar und Feridun Zaimoglu. Sie bieten sich nicht nur wegen ihrer Prominenz an, sondern auch weil sie einerseits zu verschiedenen Migrantengenerationen gehören: Özdamar zur ersten, Zaimoglu zu zweiten, und andererseits auf durchaus verschiedene Weise zum Phänomen der Migration Stellung beziehen. (Zudem sind sie jüngst noch – aufgrund des Beobachtung gewisser motivischer Ähnlichkeiten zwischen Zaimoglus jüngstem Roman, *Leyla* [2006], und Özdamars erstem Roman, *Das Leben ist eine Karawanserei hat zwei Türen aus einer kam ich rein aus der anderen ging ich raus* [1992], und dem daraus abgeleiteten Plagiatsverdacht gegen Zaimoglu – gemeinsame Akteure in einem zuweilen bizarre Formen annehmenden ›Literaturskandal‹ geworden, der hier aber nicht weiter beachtet werden soll.)

Emine Sevgi Özdamar ist 1946 in der Türkei geboren und dort auch aufgewachsen. Ihr jüngster längerer Erzähltext *Seltsame Sterne starren zur Erde* aus dem Jahr 2003 avisiert bereits im Titel seine Orientierung an deutscher Literatur, handelt es sich doch um eine Gedichtzeile Else Lasker-Schülers; sie stammt aus der zweite Strophe des Gedichts *Sterne des Fatums*, die auf der ersten Seite des Buches zitiert wird. Das Buch erzählt von einer jungen türkischen Schauspielerin, die 1976 aus Istanbul nach Berlin kommt, um beim Brecht-Schüler Benno Besson an der Ostberliner Volksbühne, wie es im Buch heißt, »das Brechttheater zu lernen«.[24] Erzählt wird von einem Pendeln zwischen West und Ost, vom Le-

---

23 Vgl. dazu Verf.: »N gefälliger Kanaksta« – Feridun Zaimoglus »Liebesmale, scharlachrot«. Migrantenliteratur im »transkulturellen« Kontext?, in: Zeitschrift für Germanistik N. F. 15, 2005, S. 610–628.

24 Emine Sevgi Özdamar: Seltsame Sterne starren zur Erde. Wedding – Pankow 1976/77, Köln 2004, S. 28, S. 34.

ben in der WG (oder richtiger: Kommune) im Westen, vom Deutschen Herbst 1977, von DDR-Grenzern, von Liebesglück und -leid – und immer wieder werden vergleichende Blicke auf die Türkei geworfen, in der eine Militärdiktatur herrscht. Es handelt sich, wie bereits der an chronikalisches Erzählen oder Tagebuchliteratur erinnernde Untertitel »Wedding – Pankow 1976/77« andeutet, also offenbar um einen autobiographischen Text, und daher sind umstandslose Identifikationen von Erzählerin und Autorin eher gerechtfertigt als etwa im Falle von Özdamars Roman *Die Brücke vom Goldenen Horn* (wo sie gleichwohl ebenfalls vollzogen werden)[25].

Und dennoch ist es, worauf Sigrid Scherer in der Literaturbeilage der *Zeit* hingewiesen hat, zwar »nicht schwer, in der jungen türkischen Schauspielerin [...] die Autorin wiederzuerkennen, doch das greift zu kurz«.[26] Es handelt sich nämlich in viel höherem Maße um ein Buch über Brecht, über Theater und vor allem über Ost und West, nämlich Ost- und West-Berlin, als um eines über seine Autorin. Und dennoch scheint es gegenüber Literatur von MigrantInnen einen Erwartungshorizont zu geben, auf den hin die Texte gelesen werden und zu dem gehört, dass in ihnen bestimmte autobiographische Erfahrungen ausgesprochen werden, etwa dass Migranten – vor allem der zweiten und dritten Generation – sich zwischen zwei homogenen Kulturen zerrieben fühlen.

Dass diese autobiographischen Erwartungen (oder Zumutungen) sich eher an die kollektive Identität der AutorInnen als MigrantInnen richten als an deren Individualität, lässt sich an der Rezension der Wochenzeitung *Freitag* ablesen: Auch hier erscheint als unbestreitbar, dass *Seltsame Sterne starren zur Erde* von den persönlichen Erfahrungen der »Schauspielerin und Autorin Emine S. Özdamar« erzählt; aber wirklich persönlich sind die dargestellten Erfahrungen wiederum nicht – ohne dass die Rezensentin dies dem Buch zum Vorwurf machen würde, im Gegenteil: »Özdamars Tagebuch in *Seltsame Sterne* unterscheidet sich dennoch von denen, die von der Intimität des Authentischen leben. Sie hält zwar Monate und Jahre fest, legt Notizen an, die später als Vorlage für ihre Memoiren dienen. Es spiegelt aber ihre innere Welt, ihre erforschenden Gedanken, Visionen und Gefühlsüberschwemmungen [!] nicht wider.«[27] Wenn das Buch aber keine »Gedanken, Visionen und Gefühlsüberschwemmungen« der Autorin widerspiegelt, was rechtfertigt dann das Fazit der Rezension, demzufolge es sich um »ein *persönliches* Dokument über ein seltsames Glück« handele?[28] Doch wohl

---

25   Vgl. Verf., »Gastarbeiter« vs. »Kanakstas« [Anm. 5].

26   Sigrid Scherer: Geteilte Stadt, geteiltes Mädchen. Emine Sevgi Özdamar blickt zurück auf Deutschland im Herbst, in: Die Zeit. Sonderbeilage ZeitLiteratur, Nr. 13, März 2003.

27   Fahimeh Farsaie: Glück gehabt! Spuren der Migration. Emine Sevgi Özdamars Roman [!] »Seltsame Sterne starren zur Erde«, in: Freitag, Nr. 1/2, 26.12.2003.

28   Ebd. [Hervorh. V. D.].

nur, dass das Autobiographische hier gewissermaßen auf einer mittleren Abstraktionsebene stattfindet: zwischen der Innenwelt der Gefühle und der Außenwelt der Geschehnisse, damit aber auch zwischen dem Individuellen und dem Allgemeinen. Denn das Individuum interessiert nicht so sehr als Individuum, sondern als spezifischer Augenpunkt für das Berichtete: Ost-Berliner Theaterarbeit und Westberliner WG-Leben – und die vergleichend herangezogenen Bemerkungen über die Türkei. All dies aber macht eine kollektive Identität aus, das spezifisch Individuelle – »Gedanken, Visionen und Gefühlsüberschwemmungen«– bleibt ausgeklammert.

Dass solche kollektivistischen Lesarten sich auch für politische Instrumentalisierung eignen, zeigt hingegen die Rezension in der *Welt*, deren Titel – *Berlin als Basar* – bereits ein Musterbeispiel von Orientalismus ist. Hier wird (wohlwollend) registriert, dass sich die Autorin / Protagonistin »schon in der Türkei mit deutscher Literatur vertraut gemacht hat«; und weiter heißt es: »Sie [sc. Özdamar] führt Protokoll, fertigt Skizzen an [...]. Vor allem aber: Sie integriert sich.« Vor dem Hintergrund dieser leitkulturell tingierten Lektüre braucht der Schluss der Rezension wohl nicht eigens kommentiert zu werden: Einem Zitat aus dem Buch, das mit dem Ausruf »Es lebe Berlin!« endet, folgt nur noch ein weiterer Satz: »Aber bitte mit mehr solcher Türken.«[29]

Mein anderer Beispielautor, Feridun Zaimoglu, scheint mir deswegen interessant, weil er sich zunehmend aus einem Raster heraus schreibt, in das er gar nicht wirklich gepasst hat, und weil an der Rezeption seiner jüngeren Texte u. a. die Beharrungstendenzen ablesbar sind, die einem Wechsel von (oder gar Verzicht auf) Einordnungen nicht nur seitens des Feuilletons im Wege stehen.[30] Zaimoglu, 1964 im anatolischen Bolu geboren, seit Mitte der 1970er Jahre in Deutschland lebend und damit ein geradezu prototypischer Autor aus der so genannten zweiten Migrantengeneration, ist 1995 mit seinem Buch *Kanak Sprak. 24 Mißtöne vom Rande der Gesellschaft* öffentlich hervorgetreten, einem polyphonen Text aus 24 protokollierten (und redigierten) Antworten auf die Frage »Wie lebt es sich hier in deiner Haut?«,[31] die sämtlich in einer Sprache geschrieben sind, die ihre Literarizität vor allem aus ihrer dezidierten Anti-Literarizität gewinnt, die vielleicht nicht so sehr nah am Alltag ist, wie sie fern ist von dem, was der Kanon als Inhalt von Literatur vorsieht. Das Missverständnis, »Kanak Sprak« sei dasselbe wie »Kanakisch«, jener mehr oder minder komische Kunst-Slang,

---

29 Tilman Krause: Berlin als Basar. Emine Sevgi Özdamar beschreibt die siebziger Jahre der geteilten Stadt als anregendes Theater, in: Die Welt, Nr. 148, 28.6.2003.

30 Vgl. dazu die differenzierte Darstellung von Ulrich Rüdenauer: Die Liebe springt. Feridun Zaimoglu erzählt von Liebesdiensten und Gottesanrufungen in den Zeiten neuer Glaubenskriege, in: Literaturen 06/2004, S. 63 f.

31 Feridun Zaimoglu: Kanak Sprak. 24 Mißtöne vom Rande der Gesellschaft, Hamburg ⁶2004, S. 15.

den man vor allem an der hohen Frequenz der Adjektive »krass« und »korrekt«
erkennt und der, performiert durch das Komiker-Duo Erkan und Stefan, auch
bereits in der Werbung eingesetzt wird – dieses Missverständnis scheint auch die
Marketing-Abteilung von Kiepenheuer & Witsch ge- oder verleitet zu haben,
Liebesmale, scharlachrot aus dem Jahre 2000 als »Feridun Zaimoglus ersten Roman
in lupenreiner ›Kanak Sprak‹« zu avisieren. Das aber ist doppelt falsch; denn nur
einer der beiden männlichen Briefschreiber schreibt kein Schriftdeutsch, und
sein Stil ist eher dem Kanakischen verpflichtet als der Kanak Sprak.

Das symbolische Kapital des Terminus Kanake (oder Kanaksta[32]) wird aber
auch beliehen, um Zaimoglus 2004 erschienenen Erzählungsband *Zwölf Gramm
Glück* zu bewerben, dessen Klappentext den Autor als »Erfinder der ›Kanak
Sprak‹« apostrophiert – mit Recht, aber ohne Bezug zum beworbenen Buch.

Die auch als Antonomasie begegnende Formel »Erfinder der ›Kanak Sprak‹«
verschleiert zudem eine Paradoxie: Einerseits werden die einzelnen Texte, aus
denen sich die Bücher *Kanak Sprak* und *Koppstoff* (die nachgelieferte weibliche
Variante) zusammensetzen, als authentische Protokolltexte ausgegeben; andererseits aber wird gerade das doch nicht unwesentliche Moment der Sprache offen
als poetisch ausgestellt. Zaimoglu selbst versucht zwischen den beiden Momen-
ten zu vermitteln, indem er ein Konzept von ›Nachdichtung‹ entwirft, das vorgeblich vordringlich die ›Folklore-Falle‹ umgehen helfen soll: das Missverständnis, bei dem »sich laufend weiterentwickelnden symbolischen Jargon« handele
es sich um »blumige Orientalensprache«. Das ist natürlich problematischer, als
es hier vorgestellt wird, weil es sich, genau besehen, um eine Form vorausei-
lender Zensur handelt (die zudem offenbar ihren Zweck nicht wirklich erreicht
hat). Zaimoglus offensiver Versuch, das Problem zu kaschieren, indem er behauptet, »im Gegensatz zu der ›Immigrantenliteratur‹ kommen hier Kanaken in
ihrer eignen Zunge zu Wort«, überzeugt nicht recht, weil genau dies nicht ge-
schieht. Plausibler ist da schon das vorausgehende Urteil, es sei ihm »bei dieser
›Nachdichtung‹ [...] darum zu tun [gewesen], ein in sich geschlossenes, sichtba-
res, mithin ›authentisches‹ Sprachbild zu schaffen«[33], und das weniger wegen der
Implikation des – bestenfalls eingeschränkt gültigen – Prädikats der Authentizität
als vielmehr, weil es auf das Moment der poetischen Überformung aufmerksam
macht und damit darauf, dass es sich bei Zaimoglus Verfahren weniger um eine
Redaktion handelt als vielmehr um Produktion von Literatur aus dokumentari-
schem Material.

Diese Literatur ist aber (noch) engagierte Literatur, die entschieden Position bezieht, stellvertretend für die, die eben nicht »in ihrer eignen Zunge zu

---

32 Feridun Zaimoglu: Liebesmale, scharlachrot. Roman, Köln 2002, S. 37.
33 Zaimoglu, Kanak Sprak [Anm. 31], S. 14.

Wort« kommen. Dass sich, wie der Bonner *General-Anzeiger* urteilte, Zaimoglu
damit zum »Anwalt einer Generation junger Türken« gemacht hat, ist also gar
nicht falsch; dass diese aber dadurch charakterisiert sind, dass sie »im Niemands-
land zweier Kulturen aufwuchsen«, und dass Zaimgolu ihre »Sprache zwischen
dem Türkisch der Eltern und einer deutsch-englischen Umgangssprache [...]
als Ausdruck dieser Zerrissenheit dokumentierte und künstlerisch verarbeite-
te«,[34] schreibt nur das schon erwähnte Vorurteil fort. Mit der Polyphonie von
Kanak Sprak hat das genau so wenig zu tun wie mit dem großen Spektrum an
Lebensentwürfen von Migrantinnen und Migranten.

Das Schema der »Kanak Sprak« passt auf den Band *Zwölf Gramm Glück* noch
weniger als auf *Liebesmale, scharlachrot*. Natürlich wird aber auch in seinen Besprechungen der Autor als »Erfinder der ›Kanak Sprak‹« apostrophiert[35] – was ja
so weit auch gar nicht problematisch ist. (Übrigens gibt es auch durchaus Besprechungen, in denen auf die Gefahr hinweisen, dass solche Formeln sich zu
»Autorenklischees« verfestigen, denen schwer zu entkommen ist.[36]) Vor allem
für diesen Band ist Zaimoglu, der, so die Homepage der Robert Bosch Stiftung,
mit seinem »aufmüpfigen Sprachstil auf sich aufmerksam machte,«[37] 2005 der
Adelbert-von-Chamisso-Preis verliehen worden.

Zwölf Gramm Glück versammelt, der Titel lässt es erahnen, zwölf Erzählungen, die aber weniger vom Glück selbst handeln als vielmehr von der Suche
danach. Sieben der Erzählungen erscheinen im ersten Teil unter der Überschrift
»Diesseits«, die anderen fünf im zweiten unter »Jenseits«. Das Glück im Diesseits
liegt dabei, zumindest in der ersten Erzählung, *Fünf klopfende Herzen, wenn die
Liebe springt*, sprichwörtlich auf der Straße: Ein unter immensem Produktions-
druck stehender Autor hat beschlossen, seinem Leben zu einem festen, binnen
38 Tagen erreichten Termin selbst ein Ende zu setzen, als er von einer Frau in
einem Mini Cooper angefahren wird, die sich als Liebe seines Lebens entpuppt.

Dass es sich dabei um einen, wie die *Neue Zürcher Zeitung* nicht ganz zu Un-
recht urteilte, »Plot wie aus der Cappuccino-Werbung« handelt,[38] bedeutet ja
noch nicht, dass er zu einer schlechten Erzählung verarbeitet worden ist. Bemerkenswert ist aber auch, dass in dieser Erzählung weder das Thema Migration
noch der Islam oder eine andere Sorte Fremde als die, die wir uns selbst sind,
eine Rolle spielen. Vielmehr geht es schlicht um Liebe, und der einzige Kampf

---

34 Ann-Kathrin Akalin: Die wunderbare Wut des Romantikers. Feridun Zaimoglu bietet Glück
    in kleinen Portionen, in: General-Anzeiger, Nr. 34745, 8./9. Mai 2004, S. 21.
35 Dirk Fuhrig: Leichtfüßig, in: Financial Times Deutschland, Nr. 46, 5. März 2004, S. 33.
36 Vgl. Joachim Otte: Omnia vincit amor. Berauschend: Feridun Zaimoglu dealt mit ›Zwölf
    Gramm Glück‹, in: Der Tagesspiegel, Nr. 18432, 28. März 2004, S. 28.
37 http://www.bosch-stiftung.de/content/language1/html/4934.asp; Stand: 5.11.2006.
38 Wolfgang Schneider: Gotteskrieger-Exotismus. Feridun Zaimoglu erzählt von Liebe und Isla-
    mismus, in: Neue Zürcher Zeitung, Nr. 191, 18.8.2004.

der Kulturen, von dem erzählt wird, ist der zwischen Autonomen und der Polizei im Hamburger Schanzenviertel, wo die Erzählung spielt. »Wie sich vor diesem Hintergrund die Liebe spinnt an einem einzigen Tag, das erzählt Zaimoglu mit großer Raffinesse«, urteilte Hubert Winkels in der Literaturbeilage der *Zeit*.[39] Zu ergänzen bleibt: und mit großer Selbstironie, wenn der Erzähler etwa sein eigenes Liebesgeständnis als »Dichterquatsch«[40] abtut. Nils Minkmar schrieb in der *Frankfurter Allgemeinen Zeitung* über die Eingangserzählung: »Schon bald weiß man nicht mehr, ob man die Geschichte gelesen hat oder ob sie wirklich so passiert ist: Sie transzendiert die Literatur und wird Teil der persönlichen Erfahrung, ohne ihren tiefen universellen Grundton zu verraten.«[41] Diese Eloge ist nicht unplausibel – vor allem aber macht sie eine wichtige Tatsache implizit zur Voraussetzung, die andernorts explizit negiert wird: dass der transzendierenden Transformation in die Lebenswelt des Lesers eine umkehrte vorausgegangen ist – von der Lebenswelt des Autors in den Text. Was Minkmar beiläufig als Selbstverständlichkeit ausspricht: dass es sich nämlich um Literatur handelt, wird gegenüber anderen kritischen Äußerungen zum echten Argument.

Allerdings gibt es im Buch auch Gelegenheiten für die für Zaimoglu so typischen Ausfälle gegen das verkrampfte deutsche Multikulti-Gutmenschentum, aber auch gegen »Assimil-Alis«[42] – etwa wenn in *Gottesanrufung I* der Ich-Erzähler von seinem Freund Osman in ein Kreuzberger Café gerufen wird, »das von arrivierten Jungtürken frequentiert wird«, die sich »wie frisch graduierte Bildungsbürger [verhalten], die gelernt haben, daß man sprechenden Frauen nicht auf die Lippen, aber in die Augen schaut«. Über die »deutschen Pärchen« aber, die sich »in dieser Enklave guter Umgangsformen« ebenfalls einfinden, heißt es: »Die Deutschen entspannen sich in fremden Milieus bemerkenswert schnell, und es wird mir immer ein Rätsel bleiben, wieso der Anblick von banalem kalten Hirtensalat sie in eine derart gute Laune versetzen kann.«[43] Ein spätes, konziliantes Echo der »Multikulti-Zoos« mit »Kebab-Gehege«, die Zaimoglu in der Vorrede zu *Kanak Sprak* mit ätzender Schärfe bedacht hat.[44]

Während die Erzählungen des ersten Teils offenbar in einem recht konkreten Deutschland angesiedelt sind, spielen die des zweiten in einem »Jenseits«, in einem oder verschiedenen nicht benannten und nicht mit naturalistischer Ex-

---

39 Hubert Winkels: Der Dreck und das Heilige. Feridun Zaimoglu will ein richtiger Dichter werden, in: Die Zeit. Sonderbeilage ZeitLiteratur, Nr. 14, März 2004, S. 20.

40 Feridun Zaimoglu: Zwölf Gramm Glück. Erzählungen, Köln 2004, S. 25.

41 Nils Minkmar: Mein Herz stand in Flammen, das ist die reine Wahrheit. Zweiunddreißig Seiten über die Liebe: In seinen neuen Erzählungen wiegt Feridun Zaimoglu das Glück, in: Frankfurter Allgemeine Zeitung, Nr. 80, 3.4.2004.

42 Zaimoglu, Liebesmale, scharlachrot [Anm. 32], S. 24.

43 Zaimoglu, Zwölf Gramm Glück [Anm. 40], S. 84.

44 Zaimoglu, Kanak Sprak [Anm. 31], S. 11.

aktheit beschriebenen islamisch geprägten Ländern. Spätestens dies ruft in der Kritik erwartbare Orientalismen auf den Plan: »Man wähnt sich auf einem orientalischen Bazar, wo man einer vagen Verheißung erliegt und ein Kästchen mit unbekanntem Inhalt erwirbt, die Katze im Sack«,[45] heißt es in der *Süddeutschen Zeitung*; und in der *Frankfurter Rundschau*: »*Naturgemäß* wirken die Geschichten im *Jenseits* abenteuerlicher, die Atmosphäre mit höherer Spannung geladen, die Verhaltensweisen geheimnisvoller. Es beunruhigt das Fremde von Sitten, Redenormen, ungeschriebenen Gesetzen – und es fasziniert zugleich.«[46]

Interessanter aber ist, dass diese nicht-konkreten Topographien in der Literaturkritik konkretisiert (also mit einer mimetischen Qualität versehen) werden – und zwar über biographistische Lektüren: So heißt es in der *Frankfurter Rundschau*, dass die Erzählungen des zweiten Teils »in einem islamisch geprägten Land angesiedelt sind, das *offenbar*, wird es auch nie beim Namen genannt, die Türkei ist«;[47] das einzige Argument, das für diese Identifizierung angeführt werden könnte (in der Rezension wird die Argumentation durch die Behauptung von deren Überflüssigkeit ersetzt: weil es sich ja »offenbar« um die Türkei handelt), ist die Herkunft des Autors. Der gebürtige Türke schreibt über die Türkei. In der *Financial Times Deutschland* heißt es schlicht, die Erzählungen des »Jenseits« spielten in des Autors »ursprünglicher Heimat«;[48] und die *Süddeutsche Zeitung* identifiziert nicht nur das Dargestellte biographistisch, sondern leitet aus der gleichen Kausalität auch direkt die poetischen Qualitäten der Darstellung ab: »[...] über der jenseitigen Welt, die zuweilen etwas Irreales, Konstruiertes hat, als sei der Autor ihr schon allzu lange entfremdet, liegt ein undurchdringlicher Trauerflor.«[49] Darauf kann allerdings mit der *Stuttgarter Zeitung* (und deren vager Said-Reminiszenz) geantwortet werden, dass »Zaimoglus artifizieller Orient [...] letztlich unserer Projektion entspringt«.[50]

Die *Neue Zürcher Zeitung* macht auf das politische Moment der ›Jenseits‹-Erzählungen aufmerksam, die teilweise tatsächlich an »Orten im Hinterland des Fundamentalismus« spielen[51] – so etwa der Text mit dem plakativen Titel »Gottes Krieger«, dessen Ich-Erzähler sich in Hasstiraden ergeht: »Also sind die west-

45 Kristina Maidt-Zinke: O Rosenknospenlied. Feridun Zaimoglus Erzählungen »Zwölf Gramm Glück«, in: Süddeutsche Zeitung, Nr. 68, 22.3.2004.

46 Rolf-Bernhard Essig: Es gibt solche und solche Bomben. Sphärenwechsel: Feridun Zaimoglus elegante Liebesgeschichten handeln von der Schwierigkeit, in zwei Welten gleichzeitig zu leben, in: Frankfurter Rundschau, Nr. 126, 2.6.2004 [Hervorh. V. D.].

47 Ebd. [Hervorh. V. D.].

48 Fuhrig, Leichtfüßig [Anm. 35].

49 Maidt-Zinke: O Rosenknospenlied [Anm. 45].

50 Thomas Fitzel: Exakt zugemessen. »Zwölf Gramm Glück«, Feridun Zaimoglus Erzählungen, in: Stuttgarter Zeitung, Nr. 180, 6.8.2004.

51 Schneider: Gotteskrieger-Exotismus [Anm. 38].

lichen Frauen unsere natürlichen Verbündeten: sie haben den grausam entstell-
ten weißen Mann, den Mann, der an imperialer Überdehnung zerriß [...] diese gottverdammte Phantomgestalt haben die weißen Frauen überwunden. Der
Unzüchtige muß deshalb ungnädig gestimmt sein, es geht nicht anders. Die einzige Gefahr, die Byzanz-Babylon-Europa droht, kommt von uns, von unseren
Sprengstoff-beladenen Körpern. Die Bolschewisten haben ausgedient, sie waren
ja schon immer Komplizen des Systems. Wir zeigen ihnen, wie das geht, der
Terror Gottes.«[52]

Solche Passagen stützen den Befund der *Neuen Zürcher Zeitung*; unter Hinweis auf Zaimgolus hochfrequente Talkshow-Präsenz nach dem 11. September
2001, wegen derer er sich, nach eigener Auskunft, gefühlt habe, als sei er »ne-
benberuflich zum ›Pressesprecher einer Weltreligion‹ geworden«, heißt es dort:
»Von der Vermittlung der Kulturen bleibt bei den literarischen Nahaufnahmen
einer abscheulichen Welt nicht viel übrig.«[53] Das ist wohl richtig, erklärt sich
aber vielleicht einfach daraus, dass eine solche »Vermittlung der Kulturen« auch
gar nicht intendiert gewesen ist, weil Zaimoglu ja möglicherweise literarische
Texte produziert, die gar nicht in einer, seiner eigenen kohärenten politischen
Gesamtaussage aufgehen sollen.

Hinsichtlich der von den Feuilleton-Artikeln implizit vorausgesetzten Konzepte von Kultur lässt sich, bei aller Vorsicht, sagen, dass dort immer noch in
massiver Weise Komplexität reduziert wird, indem fast stets von zwei offenbar
homogenen Kulturen, ›der‹ türkischen und ›der‹ deutschen, die Rede ist, zwischen denen sich Zaimoglus Figuren und ›folglich‹ auch er selbst bewegen, wie
es paradigmatisch die *Süddeutsche Zeitung* formuliert: »Zaimoglu schickt Männer
von unterschiedlicher Wesensart, mit denen er die türkische Herkunft und das
Schicksal des Wanderers zwischen zwei Welten gemeinsam hat, als Glückssucher
aus.«[54] Und wenn es in der *Frankfurter Rundschau* über die Figuren der Erzählungen heißt: »Am wichtigsten sind die vielen Wanderer zwischen den Welten«,[55]
dann kann das nur daran liegen, dass hier der Literatur eine Rolle als Kulturvermittlerin zugemutet wird – eine Rolle, die sie kaum ausfüllen kann und die es
auch gar nicht gibt, weil die beiden Instanzen, zwischen denen vorgeblich zu
vermitteln ist, so nicht existieren.

In einer der Rezensionen von Özdamars *Seltsame Sterne starren zur Erde*, in
derjenigen von Sigrid Scherer aus der *Zeit*, wird allerdings darauf hingewiesen,
dass die Verhältnisse komplizierter liegen: »Das Buch ist im Westen und im Os-
ten, es ist mal bei der Erzählerin und mal bei der Figur, in der sie sich verdop-

52   Zaimoglu: Zwölf Gramm Glück [Anm. 40], S. 131.
53   Schneider: Gotteskrieger-Exotismus [Anm. 38].
54   Maidt-Zinke: O Rosenknospenlied [Anm. 45].
55   Essig: Es gibt solche und solche Bomben [Anm. 46].

pelt, zugleich in der türkischen Gedankenwelt und in Deutschland, der neuen Fremde – immer irgendwie dazwischen und in allem gleichzeitig.« Dieser Zeitungstext macht als einer der wenigen darauf aufmerksam, dass Özdamars Buch in erster Linie ein Buch über Berlin in den Jahren 1976/77 ist und erst in zweiter eines über Migration im landläufigen Sinne – darauf deutet bereits die Überschrift »Geteilte Stadt, geteiltes Mädchen«. Das Fazit der Rezension, in dem das Konzept der Hybridität von Ferne anklingt, lautet: »Klischiertes Migrantenleben weit hinter sich lassend, gibt Emine Sevgi Özdamar der neuen Kultur der Ortlosigkeit ein Zuhause. Man muss ihr dafür dankbar sein.«[56] Dem ist wenig hinzuzufügen – vielleicht nur, dass man vielen professionellen Lesern dankbar wäre, wenn sie klischierte Migrantenliteratur ebenfalls hinter sich ließen.

---

56 Scherer: Geteilte Stadt, geteiltes Mädchen [Anm. 26].

Wolfgang Behschnitt

»Willkommen im Vorort«

Neue schwedische Literatur zwischen Einwanderer- und Nationalkultur

Willkommen im Vorort – so lautet der Titel der 1994 veröffentlichten Debut-CD der schwedischen Hiphop-Band *The Latin Kings*. Sie war der große Durchbruch nicht nur für die Band, sondern für die Musik der Jugendlichen aus der Peripherie der Großstädte Stockholm, Göteborg und Malmö in der breiten schwedischen Medienöffentlichkeit: für die Musik aus den »invandrartäta« (»einwandererdichten«) Bezirken, den Bezirken mit hohem Ausländeranteil, den multikulturellen Randzonen des schwedischen Volksheims. Auf den Durchbruch der Vorort-Musik folgte bald der Vorort-Film[1] und schließlich die Vorort-Literatur. Von dieser Literatur, die in den vergangenen sechs Jahren erschienen ist, handelt mein Beitrag – von Alejandro Leiva Wenger und seinem Erzählband *Till vår ära* (2001), von Jonas Hassen Khemiri und seinem Roman *Ett öga rött* (2003), von Johannes Anyuru und seinem epischen Langgedicht *Det är bara gudarna som är nya* (2003) und von Marjaneh Bakhtiari und ihrem Roman *Kalla det vad fan du vill* (2005).

Ich möchte weder eine »kleine Geschichte der Migrantenliteratur in Schweden« präsentieren, noch ist es im Rahmen des Aufsatzes möglich, die genannten, literarisch teilweise hochinteressanten Texte im Detail vorzustellen und in angemessener Ausführlichkeit zu analysieren. Stattdessen will ich 1) das skizzierte Phänomen, die angesprochene »Vorort-Literatur«, in ihrem kulturellen und literarischen Kontext verankern und 2) einige grundsätzliche Erwägungen zum Status dieser Literatur zwischen Einwanderer- und Nationalliteratur und letztlich zu den Möglichkeiten ihrer Integration in eine nationale Literaturgeschichtsschreibung anstellen.

1. Kontext (1)

Die gegenwärtige Vorort-Literatur in Schweden ist kein kulturelles Randphänomen. Sie spiegelt, im Bereich der Literatur, die fast schon exzessive Aufmerksamkeit, die der »Einwanderer«- und Vorortskultur in den letzten zehn Jahren zuteil wird. Hier unterscheidet sich Schweden deutlich von seinen skandinavi-

---

[1] Mit Regisseuren aus der zweiten Einwanderergeneration, z. B. Josef Fares' *Jalla! Jalla!* (2000) und *Kops* (2003) oder Reza Bagher mit *Populärmusik aus Vittula* (2004).

schen Nachbarländern, von Norwegen und vor allem von Dänemark. Das Jahr 2006 – um nur ein Indiz zu nennen – wurde in Schweden regierungsamtlich zum »Mångkulturåret« (Multikultur-Jahr) erklärt. Und auch ein Vergleich der Forschungsaktivitäten zum Thema macht die Differenz deutlich. So sind am *Centrum för multietnisk forskning* der Universität Uppsala seit Ende der 1990er Jahre mehrere Forschungsprojekte zur Einwanderer- und Minoritätenliteratur angesiedelt worden,[2] während in Norwegen immerhin einige Aufsätze, in Dänemark aber bis dato praktisch keine literaturwissenschaftlichen Forschungsaktivitäten zum Thema auszumachen sind.

Was die schöne Literatur betrifft, zeigte sich schon Mitte der 1990er Jahre in den schwedischen Medien ein den literarischen Texten vorauseilendes Interesse.[3] So schreibt der Kritiker Clemens Altgård 1995 in einem Überblicksartikel zur schwedischen Gegenwartsprosa:

> Men var finns då det Sverige som håller på att växa fram, det land som beskrivs på Latin Kings CD *Välkommen till förorten*, och där man talar Rinkebysvenska? Jag tror att den första romanen om den verkligheten kommer att dyka upp ganska snart – i varje fall före år 2000. Låt oss i alla fall hoppas det.[4]

> [Aber wo ist denn das Schweden, das zur Zeit heranwächst, das Land, das auf der CD *Välkommen till förorten* der Latin Kings beschrieben wird und wo man Rinkeby-Schwedisch spricht? Ich glaube, dass der erste Roman über diese Wirklichkeit ziemlich bald auftauchen wird – jedenfalls vor dem Jahr 2000. Lasst uns das jedenfalls hoffen.]

Acht Jahre später, 2003, ist der Enthusiasmus noch nicht verflogen. In einer Rezension von Khemiris Erstling *Ett öga rött* schreibt die Rezensentin nicht ohne Selbstironie:

> Det finns ju ingen ände på hur gärna och mycket alla vi inom kulturetablissemanget vill visa att vi är fett nere med det mångkulturella samhället. [...] En författare som Jonas Hassen Khemiri är varje bokförlags och varje kulturjournalists våta dröm.[5]

> [Es ist ja kein Ende abzusehen, wie gerne und sehr wir alle im Kulturestablishment zeigen wollen, dass wir voll mit dabei sind bei der multikulturellen Gesellschaft. [...] Ein Autor wie Jonas Hassen Khemiri ist der Wunschtraum jedes Verlags und jedes Kulturjournalisten.]

---

2 Vgl. für einen ersten Überblick die Veröffentlichungen von Satu Gröndahl und Lars Wendelius.
3 Dieses Interesse ist nicht zuletzt angestoßen durch den hiphop-musikalischen Durchbruch der *Latin Kings*, die inzwischen zum selbstverständlichen Referenzpunkt jeder Auseinandersetzung mit der Vororts-Jugendkultur geworden sind (eingeschrieben auch *in* die literarischen Texte).
4 Altgård, Den unga prosan, S. 17.
5 Annina Rabe, Svenska Dagbladet, 4.8.2003.

Eine andere Rezensentin jubelt:

> Jag har länge väntat på att den andra generationens invandrarungdomar skulle börja skriva och inte bara rappa och filma. Och nu är den här. »Ett öga rött« [...].[6]

> [Ich habe lange darauf gewartet, dass die Jugendlichen der zweiten Einwanderergeneration zu schreiben anfangen statt nur zu rappen und zu filmen. Und jetzt ist es hier. »Ett öga rött« [...].]

Hier zeigt sich auch, dass in der Rezeption der Vorortliteratur die Konnotation Musik und Film immer mitschwingt. Der im Vortragstitel hergestellte Bezug zur Hiphop-Musik ist nicht meine persönliche Erfindung, sondern Teil der literarischen Praxis. Er wird in den Texten selbst aufgerufen und er wird in der Rezeption aktualisiert.[7]

2. Kontext (2)

Der Aufmerksamkeit von Seiten der Mehrheitskultur auf der einen Seite entspricht ein entschiedener Wille, sich in den schwedischen *mainstream* einzuschreiben auf der anderen Seite. Hierfür wiederum nur ein besonders aussagekräftiges Beispiel:

Im Jahr 2004 erscheint in Schweden ein Taschenbuch, auf dem Cover ein überdimensionales Mikrofon, alarmroter Hintergrund, Graffiti-artige Schrift. Das Buch präsentiert die Songtexte der *Latin Kings* und das Vorwort, unter der programmatischen Überschrift »Vi får leva här« [Wir dürfen hier leben], stammt von Johannes Anyuru, einem der jüngsten Sterne am schwedischen Dichterhimmel. Anyuru, 27-jähriger Lyriker und Slam-Poet, ist in Schweden aufgewachsen. Er hat aber ›invandrarbakgrund‹, Einwandererhintergrund, wie in Schweden die offizielle Bezeichnung lautet: Sein Vater stammt aus Uganda. Sein erster Gedichtband *Det är bara gudarna som är nya* [Nur die Götter sind neu] von 2003 hat mehrere Literaturpreise und noch mehr enthusiastische Rezensionen erhalten. Zu den Songtexten der *Latin Kings* schreibt Anyuru Folgendes:

> Det är på tiden att Latin Kings texter kommer ut i bokform, inte bara därför att de bär på en inneboende poesi som håller för boksidan, utan också därför att de är en del av Sveriges litteraturhistoria på samma sätt som Bob Dylans eller Public Enemys lyrik är en del av den amerikanska litteraturen: de har upptagits i den samling historier, bilder

---

6 Maija Niittymäki i Nerikes Allehanda, 27.8.03; zit auch in: Ali Fegan, »Dom tar våra ord«, in: arena, 2004/5, S. 42.

7 Und er wird ganz konkret realisiert in Praktiken wie Slam-Poetry, Songtexten, aber auch in der Umsetzung von Text in Film (etwa bei Erzählungen aus Wengers *Till vår ära*). Zur Bedeutung dieser Konnotation für die Rezeptionserwartung vgl. auch Behschnitt / Mohnike, Interkulturelle Authentizität?, S. 89 f.

och legender som en generation bär med sig och har att ta ställning till, och – vilket
kanske är ännu viktigare – de har vidgat den osynliga ramen som finns i varje samhälle,
den som avgör vad som är värt och tillåtet att berätta, och hur.

[Es ist an der Zeit, dass die Texte der Latin Kings als Buch herauskommen, nicht nur
weil ihnen eine Poesie innewohnt, die sich auch auf der Buchseite bewährt, sondern
auch weil sie ein Teil von Schwedens Literaturgeschichte sind, auf gleiche Weise, wie
die Lyrik Bob Dylans oder von Public Enemy ein Teil der amerikanischen Literatur sind: Sie sind in die Sammlung Geschichten, Bilder und Legenden aufgenommen
worden, die eine Generation bei sich trägt und zu denen sie Stellung beziehen muss,
und – was vielleicht noch wichtiger ist – sie haben den unsichtbaren Rahmen erwei-
tert, den es in jeder Gesellschaft gibt und der bestimmt, was zu erzählen wert und
erlaubt ist, und auf welche Weise.]

Im weiteren assoziiert Anyuru die Texte der *Latin Kings* mit der Dichtung des
schwedischen modernistischen Lyrikers Göran Sonnevi:

[M]itt i glädjen, ilskan, respektlösheten och euforin finns det ju hos både Sonnevi och
Dogge en punkt av fullständig stillhet och en värme. En mänsklighet, och ett slags
sorg, kanske. Jag tror att en av Latin Kings största förtjänster ligger i deras svenskhet.

[Mitten in der Freude, dem Zorn, der Respektlosigkeit und der Euphorie gibt es
sowohl bei Sonnevi als auch bei Dogge einen Punkt völliger Stille und Wärme. Eine
Menschlichkeit und, vielleicht, eine Art Trauer. Ich glaube, dass einer der größten
Verdienste der Latin Kings in ihrem Schwedischsein besteht.][8]

Dass der bildungsbürgerliche Liebhaber modernistischer Lyrik den Vergleich mit
Sonnevi goutiert, scheint zweifelhaft. Ebenso mag Normal-Svensson Einwän-
de gegen die Betonung der Svenskhet der *Latin Kings* erheben.[9] Wir können
hier das Projekt verfolgen, eine Minderheiten- und Einwandererkultur und -li-
teratur in die Standardkultur einzuschreiben; das Projekt einer Grenzverschie-
bung, einer Um- und Neuschreibung des literarischen Kanons. Wir können
auch die Mittel verfolgen, die diesen Prozess der Umschreibung und Verschie-
bung begleiten. Kraft der Autorität eines der anerkanntesten und zugleich literarisch komplexesten schwedischen Dichters, Göran Sonnevis, hebt der Autor
die Texte der *Latin Kings* aus der Sphäre der Popkultur in die der ›finkultur‹, aus
der Außenseiterkultur ins durch Kunst geheiligte Zentrum der Mehrheitskultur.

---

8   Anyuru, Förord, S. 8 f.
9   Und doch ist gerade Dogge hierfür zum Musterbeispiel avanciert: Dogge singt Evert Taube,
    den beliebtesten Sänger und Liedermacher der schwedischen Volksheims-Seele. Dogge gibt
    zusammen mit der Sprachwissenschaftlerin Ulla-Britt Kotsinas ein Slang-Wörterbuch heraus
    und darf mit Horace Engdahl, dem Vorsitzenden der Schwedischen Akademie, über die Auf-
    nahme von Slangwörtern in *Svenska Akademiens Ordlista* diskutieren (arena 2/2004). Die Bei-
    spiele lassen sich vermehren.

Aus ihrer Individualität und konkreten Situiertheit hebt er sie ins Allgemein-
menschliche. Und Anyuru ist in der Position dies zu tun, weil ihm als jungem
und doch schon anerkanntem Lyriker, als Einwanderer und doch ins schwedische Kulturmilieu Aufgenommenem hierzu die Kompetenz und die Autorität
zugesprochen werden.

3. Textstrategien

Dieses Projekt lässt sich nicht nur auf der Ebene der Paratexte und Metareflexionen verfolgen, sondern ebenso in den literarischen Texten selbst. Mit ganz
unterschiedlichen Strategien loten sie die Grenzen der Kategorien Einwanderer-
und Nationalkultur bzw. -literatur aus. Ich nenne einige grundlegende:

Mit *Polemik* und *Satire* arbeitet Marjaneh Bakthiaris Roman *Kalla det vad fan
du vill*. Aus Sicht der Protagonistin, der Tochter iranischer Einwanderer in Malmö, polemisiert der Roman gegen die Identitätszuschreibungen, die gerade die
liberale Gesellschaft Schwedens den Jugendlichen aufzwinge; gegen die Lehrer
oder Medien beispielsweise, die vor lauter Multikulti-Begeisterung ganze Be-
völkerungsgruppen in die Ethno-Ecke stellten.[10]

So will, um ein Beispiel zu nennen, die Musiklehrerin an der Schule einen
»Kulturtag« organisieren, zu dem alle Schüler mit Musik aus ihren Heimatkul-
turen beitragen. Dem verweigern sich die Siebtklässler konsequent – denn was
hören sie schon anderes als Hiphop oder die Musik auf MTV? Die Lehrerin muss
ihren Wunsch nach kultureller Bereicherung aufgeben:

> Åååh, vad hon önskade att det var möjligt att dra fram deras varma och livliga kulturer!
> Om det bara hade funnits ett sätt att klämma det ur dom. Det var som om hon trodde
> att barnen gick runt med sina ›kulturer‹ i blodet. Som om det var något medfött.[11]

> [Oooh, wie sie sich wünschte, ihre warmen und lebendigen Kulturen zum Vorschein
> bringen zu können! Wenn es nur möglich gewesen wäre, sie hervorzuwingen. Es
> war, als glaubte sie, die Kinder liefen mit ihren ›Kulturen‹ im Blut herum. Als wäre
> das etwas Angeborenes.]

Besonders bissig werden auch die Medien behandelt, die den Jugendlichen ›mit
ausländischem Hintergrund‹ abwechselnd einen Kulturkonflikt, eine ›doppelte
kulturelle Identität‹ oder eine Opferrolle als Flüchtlingskinder aufzwingen wollen.[12]

---

10 Der Journalist Ali Fegan spricht in anderem Zusammenhang von »vänlighetsrasism« (»Freund-
    lichkeitsrassismus«); Fegan, De tar våra ord, S. 43.
11 Bakthiari, Kalla det vad fan du vill, S. 25.
12 Vgl. u. a. das Fernsehinterview der Protagonistin Bahar (ebd., S. 235 ff.).

Das Musterbeispiel für die Strategie der *ironisch-spielerischen Unterwanderung der Publikumserwartungen* hingegen ist Jonas Khemiris *Ett öga rött*. Dieser Roman ruft dem Leser geradezu zu: ›Ich bin ein Einwandererroman‹, suggeriert also die Erfüllung der auf dieses Genre gerichteten Erwartungen. Dies gilt zunächst für die Sprache. Der Ich-Erzähler, der fünfzehnjährige Halim schreibt sein Tagebuch – es handelt sich um eine Tagebuchfiktion – in dem Vorortslang, der in der öffentlichen Debatte als »Rinkebysvenska« firmiert.[13] Es gilt aber genauso für die Thematik: Der Roman greift präzise die Erwartungen an den Einwandererroman aus der Vorstadt auf, den Wunsch nach authentischer Schilderung dieser ›exotischen‹ Lebenswelt, der die Kulturdebatte dominiert hat. Und es gilt, wohl am augenfälligsten, schon für die äußere Erscheinung des Buchs: ein leuchtend roter Einband, umrahmt durch orientalische Ornamentik.

All dies wird aber spielerisch ironisch gewendet. Zum einen erscheinen durch die subjektiv begrenzte Perspektive des *unreliable narrators* seine Person und Gedankenwelt durchgehend in komischem Licht. Aber auch die Sprache erfüllt keineswegs die Erwartungen an Authentizität. Der Roman selbst macht klar, dass es sich nicht um authentische Einwanderersprache handelt, sondern um eine konstruierte Sprache, die die Ich-Figur bewusst und provokativ gegen das Standardschwedische setzt.

Zusätzlich hat der Autor einige selbstreflexive Schleifen eingebaut. So wird uns beispielsweise erklärt, wie Halims Tagebuch zu seiner Veröffentlichung kommt. Der Autor selbst erscheint nämlich als Romanfigur. Als Halim erfährt, der neue Nachbar namens Jonas Khemiri sei ein bislang erfolgloser Schriftsteller, reflektiert er folgendermaßen:

> Jag tänkte Khemirikillen borde inte ge upp för Sverige behöver fler arabförfattare och kanske min hjälp kan lära honom skriva äktare än dom andra. Om han inte litar jag kan visa honom skrivboken så han impas av alla filosofier och börjar be på baraste knän han får sprida dom i nästa bok. [...] Alla svennar köper boken för dom tror dom får mesig halvarab med flygfrisyr fast egentligen dom får äkta arabisk fullblod!

> [Ich dachte, der Khemirityp sollte nicht aufgeben, denn Schweden braucht mehr Araberschriftsteller, und vielleicht kann er mit meiner Hilfe lernen, echter zu schreiben als die anderen. Wenn er mir nicht vertraut, kann ich ihm das Notizbuch zeigen, dann wird er von allen Philosophien imponiert und fängt an, auf Knien zu betteln, dass er sie im nächsten Buch verwenden darf. [...] Alle Schwedenidioten kaufen das Buch, weil sie glauben, sie kriegen einen miesen Halbaraber mit Leckfrisur, obwohl sie eigentlich echtes arabisches Vollblut kriegen!][14]

---

13 Der Begriff bezieht sich auf einen der bekanntesten Einwanderervororte Stockholms, Rinkeby.

14 Khemiri, Ett öga rött, S. 249 / Khemiri, Das Kamel ohne Höcker, S. 258.

Der Roman inszeniert also die kulturellen Dichotomien, die der Ich-Erzähler als Bausteine seiner Identität so entschieden gegeneinander stellt und die ja auch die Erwartungen eines auf ›Migrantenliteratur‹ fixierten Lesepublikums spiegeln. Er verweigert sich aber letztlich der Erfüllung der Lesererwartungen, weil er die Dichotomien kultureller Identitäten und Alteritäten durchgehend reflektiert und ironisch zur Schau stellt.

Der Strategie der *literarischen Komplexitätssteigerung* bedient sich Alejandro Leiva Wenger in seinem Erzählband *Till vår ära*. Diese Strategie wendet sich gegen die Genreerwartung, die Migrantenerzählung sei durchsichtig auf Biographie und Milieu, auf die Erfahrungen des Autors mit seiner interkulturellen Wirklichkeit. Sie wendet sich gegen eine Authentizitätserwartung, die ihren Maßstab in der Mimesiskonzeption des Sozialrealismus findet.[15] Die erste Erzählung des Bandes, *Borta i tankar* [Geistesabwesend], erzählt einerseits eine Geschichte, deren Protagonisten, Milieu und Handlungsverlauf ganz den Erwartungen an Erzählungen aus dem Einwanderermilieu entsprechen: Der Jugendliche Felipe lässt sich mit seinen Kumpels aus der Vorort-Gang auf eine Mutprobe ein und wird schließlich gezwungen, beim Einbruch ins Haus der Familie seiner schwedischen Freundin mitzuhelfen. Andererseits wird diese Geschichte erzählerisch so komplex gestaltet, dass sie sich erst beim zweiten oder dritten Lesen erschließt. Nicht nur ist ihre Chronologie vielfach gebrochen, springt die Narration zwischen den Zeitebenen hin und her. Auch das Erzählsubjekt oszilliert zwischen »ich« und »er« und einer Reihe anderer Selbstbezeichnungen. Schließlich verflechten und überlagern sich mehrere Erzähl- oder Erinnerungsstränge (es handelt sich letztlich um einen inneren Monolog), mit Auswirkungen bis auf die Ebene der graphischen Gestaltung. – *Borta i tankar* irritiert die Lesegewohnheiten und Genreerwartungen. Die Erzählung erfordert Aufmerksamkeit, Geduld und Reflexionsbereitschaft. Sie schafft eine deutliche Distanz zwischen dem Erzähl*ten* und dem Erzähl*en* und erschwert damit den einfachen Bezug auf eine soziale Wirklichkeit. Sie zeigt damit ganz deutlich: Dies hier ist Literatur, kein dokumentarischer Bericht aus der exotischen Welt des Vororts. – Die Erzählung tut aber noch mehr: Sie schreibt sich ein in eine Tradition modernistischen Erzählens, die auch in der schwedischen Literatur zum Grundbestand des literarischen Erbes gehört, man denke nur an Lars Ahlin, Stig Dagerman oder die Autoren der frühen 1960er Jahre, etwa die ersten Romane Per Olof Enquists.

Traditionsaneignung ist eine Strategie, die expliziter noch als Wenger sein Kollege Johannes Anyuru in seinem Gedichtband *Det är bara gudarna som är nya* in Gebrauch nimmt. Immer wieder nehmen seine Gedichte auf die multikulturelle

---

15 Zur Authentizitätserwartung an Migrantenliteratur vgl. Behschnitt / Mohnike, Interkulturelle Authentizität?

Wirklichkeit des Vororts Bezug, auf Slangsprache, soziale Spannungen, Delinquenz, Konfrontation mit der Staatsmacht. Sie tun dies aber auf der Basis des traditionsschwersten Intertextes der abendländischen Literaturgeschichte, der *Ilias*. Verse aus der *Ilias* begleiten als Motti die Gedichte des Bandes und der zornige Achill wird zur Identifikationsfigur des lyrischen Ichs: »Vreden, gudinna, besjung / som brann i min nigger Akilles«[16] [Den Zorn, Göttin, besinge / der in meinem Nigger Achilles brannte].

So bemächtigt sich Anyuru des klassischen europäischen Literaturerbes, überschreitet unerschrocken den eingehegten Bereich der Erwartungen an Migrantenliteratur und schreibt sich direkt ins Herz der schwedischen und gemeineuropäischen Literaturgeschichte ein.

4. Migranten- und Nationalliteratur

Was für alle von mir genannten Texte gilt, ist, dass sie sich an den Grenzziehungen abarbeiten, die das literarische Feld durchschneiden. Betrachtet man sie unter der Perspektive ihrer gegenwärtigen Rezeption in der schwedischen Öffentlichkeit, erscheint die Grenze zwischen Migranten- und Nationalliteratur als die relevante Markierung, an der sich der Status der Texte bemisst. Dabei kann das Verhältnis exkludierend gedacht werden. Migrantenliteratur kann als eine *andere* Literatur *in* Schweden betrachtet werden, vergleichbar etwa dem Status der samischen Literatur oder anderer Minoritätsliteraturen. Oder das Verhältnis kann integrativ gedacht werden. Migrantenliteratur würde dann als Teil der schwedischen Literatur gesehen, als kulturelle Bereicherung. Kritisch könnte man freilich auch von der Vereinnahmung der Migrantenliteratur für die Zwecke der Mehrheitskultur sprechen. – Mich interessiert aber viel mehr, ob das beschriebene literarische Phänomen (ich spreche jetzt bewusst nicht mehr von Migrantenliteratur) nicht eine grundlegende Kritik der Kategorien Einwanderer- und Nationalliteratur möglich macht.

Es liegt nahe, an dieser Stelle das Instrumentarium des Postkolonialismus und der poststrukturalistischen Literaturtheorie abzurufen. Dies hat schon deswegen seine Berechtigung, weil es sich auch für die Analyse der literarischen Texte selbst nutzbar machen lässt. Von Seiten der postkolonialen Theorie wäre ein essentialistisches Konzept von Nationalkultur in Frage zu stellen, das zum einen mit der Koppelung von Nation, Sprache, Territorium und Kultur operiert, zum anderen das durch diese Koppelung begründete Nationale homogen und exklusiv denkt: als eine Art Idealsubjekt in einem teleologisch strukturierten Geschichtsverlauf, der immer schon auf die Verwirklichung des nationalen Wesens hin angelegt ist. Diesem Nationalen wäre das »Fremdkulturelle« der Migranten-

---

16 Anyuru, Det är bara gudarna som är nya, S. 33.

literatur höchstens als eine Auffrischung und Bereicherung des national Eigenen anzueignen. Wir haben gesehen, wie etwa Bakhtiari ganz explizit gegen einen solchen Kulturbegriff anschreibt. Dagegen kann man Modelle der Hybridität von Kultur setzen – um Homi K. Bhabhas Begriff aufzugreifen –, die nicht nur einen anderen Begriff von Kultur propagieren, sondern zugleich die Bedingtheit der herrschenden Kulturmodelle im Großen ebenso wie literarischer Kategorisierungen im Kleinen von gesellschaftlichen Machtverhältnissen ableiten – also, in unserem Fall, die Existenz einer Vorortliteratur als Effekt einer im Prozess der Konstitution der Mehrheitsliteratur vorgenommenen Ausgrenzung. Anyuru ist wohl der Autor, an dem sich hybride Text- aber auch Identitätsbildungen am deutlichsten ausmachen lassen. Das gilt auch für die mit dem Begriff Mimikry belegten Schreibkonzepte postkolonialer Theorie: das Einschreiben des Subalternen in die hegemonialen Sprachen und Traditionen, das einerseits einen Akt der Anpassung, Unterordnung, Übernahme zugleich aber eine Subversion darstellt. Solche Konzepte sind in der inzwischen recht weitläufigen Forschung zur interkulturellen Literatur in Deutschland völlig zu Recht nutzbar gemacht worden – ganz zu schweigen von der Forschung im angelsächsischen Raum, die für die postkoloniale Forschung schon seit den 1970er Jahren das wesentliche Ideenreservoir darstellt.

Zu Hilfe kommt der postkolonialen Theorie die Literaturtheorie, die, meist von poststrukturalistischen Ausgangspunkten aus, die Vieldimensionalität und Unausschöpflichkeit der Bedeutungskonstitution literarischer Texte hervorhebt. Hier wird von Immacolata Amodeo etwa Deleuze/Guattaris Rhizom-Modell ins Spiel gebracht, das sich insofern als Beschreibungsmodell anbietet, weil es sowohl anti-hierarchisch als auch dezentriert ist, also die Verbindung, Vermischung, Überlagerung von kulturellen Traditionen denken kann, ohne diese in ein systematisches Ordnungsverhältnis (hegemonial / subaltern, zentral / peripher) zu bringen.[17] In ihrem Kafka-Buch haben Deleuze und Guattari bekanntlich selbst ein Modell einer »deterritorialisierten Literatur«, einer »kleinen Literatur« innerhalb einer großen Literatursprache entworfen und ausdrücklich auf das politische Potenzial einer solchen Literatur hingewiesen. Um Kafkas Worte über das Verhältnis der Pragerdeutschen zum Schreiben selbst zu zitieren:

> Sie lebten zwischen drei Unmöglichkeiten [...]: der Unmöglichkeit, nicht zu schreiben, der Unmöglichkeit, deutsch zu schreiben, der Unmöglichkeit, anders zu schreiben, fast könnte man eine vierte Unmöglichkeit hinzufügen, die Unmöglichkeit zu schreiben. [...] also war es eine von allen Seiten unmögliche Literatur, eine Zigeunerliteratur, die das deutsche Kind aus der Wiege gestohlen und in großer Eile irgendwie zugerichtet hatte, weil doch irgendjemand auf dem Seil tanzen muß.[18]

---

17 Amodeo, »Die Heimat heisst Babylon«, S. 108 ff.
18 Zit. nach Weigel, Literatur der Fremde, S. 228 f.

Kafkas Formulierung ist so suggestiv, dass man sie gerne von der Situation des Pragerdeutschen auf die Situation des nach Schweden Eingewanderten übertragen möchte. Auch hieran hat die Forschung zur Migrationsliteratur, völlig zu Recht, angeschlossen.

Ich möchte gleichwohl noch einmal von den jüngeren Theoriebildungen und der Frage einer postkolonialen Literatur Abstand nehmen. Ihre Konzepte können hilfreiche Analysewerkzeuge sein, sie sollen aber nicht die Besonderheiten der Situation in den skandinavischen Ländern verdecken, die sich ja in wesentlichen Zügen von Ländern mit einer jahrhundertelangen Einwanderersituation wie den USA oder auch den großen Kolonialmächten England und Frankreich unterscheidet. Deswegen scheint es mir hilfreich, die Perspektive umzukehren und statt der Migrationsliteratur zunächst die Nationalliteratur zum Ausgangspunkt der Überlegungen zu machen.

Das heutige Konzept von Nationalliteratur ist ein Produkt der Literaturgeschichtsschreibung des 19. Jahrhunderts. Schon die Feststellung, dass es sich um eine historisch relativ junge Erscheinung handelt, lässt das Verhältnis von Migrantenliteratur und Nationalliteratur in anderem Licht erscheinen. Man muss historisch nicht besonders weit zurückgehen, um in den skandinavischen Ländern eine vielsprachige Literatur zu entdecken, die sich gegenüber den Kategorien der nationalen Literaturgeschichtsschreibung als sperrig erweist. Dies gilt für Schweden (ich denke an die Bildungssprachen Latein, Deutsch und Französisch in der Literatur noch des 18. Jahrhunderts), mehr aber noch für Dänemark, das aufgrund der historischen Gegebenheiten des deutsch-dänisch-norwegischen Gesamtstaats stärker und länger, bis weit ins Zeitalter der Nationalisierung hinein, durch Mehrsprachigkeit geprägt war. Mit welch brachialen Schnitten die Literaturhistoriker seit dem 19. Jahrhundert die literarische Landschaft dann national einebneten, zeigt vielleicht am anschaulichsten das Beispiel des dänischen Klassikers Adam Oehlenschläger, dessen umfangreiches deutschsprachiges Werk in den dänischen Literaturgeschichten im Laufe des 19. Jahrhunderts zunehmend abgewertet und ausgegrenzt wird. Oehlenschläger ist nur einer von vielen sprachlichen Grenzgängern (Baggesen, Friederike Brun, Gjellerup und im 20. Jahrhundert noch Karen Blixen), denen ein ähnliches Schicksal beschieden war.[19]

---

[19] Dies ist in den letzten Jahren relativ ausführlich erforscht worden, u. a. von Heinrich Detering, Heinrich Anz, Karin Hoff u. a. – Es ist übrigens interessant, dass das Festhalten an einem nationalen Konzept von Literatur und Kultur heute in Dänemark sehr viel stärker ausgeprägt ist als in Schweden. Die regierungsamtlichen Bemühungen der letzten Jahre um die Erstellung und Popularisierung eines dänischen Kanons – nicht nur in der Literatur, sondern in allen Kunstarten – sprechen eine deutliche Sprache. Und es ist wohl kein Zufall, dass interkulturelle Literatur in Dänemark in keiner Weise ein vergleichbares öffentliches Interesse auf sich zieht, wie dies in Schweden der Fall ist.

Welche alternativen Beschreibungsmöglichkeiten aber gibt es zum Konzept der nationalen Literaturgeschichte? Die kanadische Literaturwissenschaftlerin Linda Hutcheon, selbst in jüngster Zeit an groß angelegten Literaturgeschichten beteiligt, hat dazu Vorschläge gemacht. Ich beziehe mich auf ihren Aufsatz »Rethinking the national model« von 2002. Interessant ist an Hutcheon zunächst, dass sie das nationale Modell einer teleologisch orientierten und als organische Entwicklung gedachten Literaturgeschichtsschreibung nicht grundsätzlich verwirft. Und es scheint mir ganz wichtig, dass das abendländische und das nationale Literaturerbe auch in den von mir angesprochenen literarischen Texten nicht verabschiedet wird, sondern als wesentlicher Baustein der eigenen literarischen Gestaltungen dient. – Hutcheon schlägt aber vor, den Fokus zum Komparativen und Transnationalen zu erweitern, um die kulturellen Vernetzungen und Überlagerungen im Zuge der globalisierten und medialisierten, aber auch durch Migration und Diaspora-Bildungen geprägten Gegenwartskultur in den Blick zu bekommen. Bei Hutcheon wird also – unter anderem – die Migrationsliteratur zum Anlass, das Modell der nationalen Literaturgeschichte zu überdenken. Ihr geht es einerseits um Effekte der Homogenisierung, andererseits um die Herausbildung neuer, synkretistischer und hybrider kultureller Formen.[20] Literatur und Kultur erschienen so deterritorialisiert, ihre Entwicklung nicht, wie im herkömmlichen nationalen Modell, an einen bestimmten Raum gebunden. Und auch nicht, das ist ein zentraler Punkt in Hutcheons Argumentation, an eine bestimmte Sprache.[21] Wenn eine Literaturgeschichte der USA selbstverständlich nicht nur englischsprachige, sondern auch spanische, chinesische und anderssprachige Literaturen umfasst, warum sollte dies nicht auch in Schweden und Norwegen oder – mit noch größerem Recht, man denke an das Beispiel Oehlenschläger – in Dänemark möglich sein. Wichtig wäre bei einer solchen Literaturgeschichte, um wieder zu Hutcheon zurückzukehren, Konzepte organischer Entwicklung und homogener Einheiten durch besondere Aufmerksamkeit für die Differenzen und Ungleichzeitigkeiten im historischen Verlauf auszubalancieren.

5. Zusammenfassung

Das literarische Phänomen ›Vorortliteratur‹ stellt – obgleich von der Zahl der Autoren und ihrer Veröffentlichungen her recht überschaubar – ein zentrales Feld der Gegenwartsliteratur in Schweden dar. Es zieht in auffälliger Weise die öffentliche Aufmerksamkeit auf sich und zeigt so nicht zuletzt die gesellschaft-

---

20 Hutcheon, Rethinking the national model, S. 26.
21 Ebd., S. 17.

liche Relevanz, die Literatur auch im IT-Zeitalter zukommen kann. Misst man
ihr aber nicht doch zu große Bedeutung bei, wenn man aus der bislang be-
schränkten Anzahl von Texten so weit gehende Konsequenzen zieht, wie ich
es getan habe – bis hin zur Infragestellung des Konzepts von nationaler Kultur und nationaler Literaturgeschichtsschreibung? Tatsächlich bedarf es nicht des
Griffs zur postkolonialen Theorie, die aus der Auseinandersetzung mit anders
gearteten kulturellen und politischen Situationen entstanden ist, um die Frage nach der Gültigkeit des nationalen Konzepts zu stellen. In den literarischen
Texten selbst wird diese Frage formuliert und die gesellschaftlichen Debatten
um diese und ausgehend von dieser Literatur führen sie weiter. So hat im Frühjahr 2006 eine Debatte um die Sprachnorm und sprachliche Homogenität in
Schweden die Gemüter erhitzt, in der der Vorortslang – von Khemiri, Wenger,
Anyuru und Konsorten zur Literatursprache geadelt – unter der Bezeichnung
»miljonsvenska« (Millionenschwedisch) seine Gleichwertigkeit neben dem Stan-
dardschwedischen verfochten hat. Auch in dieser Debatte ist, wie in den literarischen Texten, die Strategie der Vereinnahmung kultureller Traditionen und
Zentralbegriffe sichtbar. Der Ausdruck »miljonsvenska« bezieht sich nämlich auf
das sozialdemokratische »miljonprogram« der 1960er Jahre, ein Bauprogramm,
das der breiten Masse der Bevölkerung zu ordentlichen Wohnungen verhelfen
sollte und das heute einen Grundbaustein der schwedischen folkhems-Identität
ausmacht.

Die literarischen Traditionen, nationale und abendländische, sind also in der
gegenwärtigen »Vorortliteratur« keineswegs verabschiedet. Das literarische Erbe
(sei es national schwedisch oder gemeineuropäisch) stellt einen wesentlichen Be-
zugspunkt in den Texten dar, an dem Status und Stellung im literarischen Feld
verhandelt werden. In Begriffen Bourdieus wäre von der Aneignung symbolischen Kapitals zu sprechen. Ich möchte die These wagen, dass sie bei Autoren
wie Wenger und Anyuru größere Bedeutung erlangen, als in einem Großteil
der schwedischen Gegenwartsliteratur. Sie werden unterstrichen und hervorgehoben. Sie werden aber auch, man könnte das in traditioneller Terminologie
als ein Moment der Verfremdung bezeichnen, in ihrer Andersartigkeit sichtbar:
in ihrer »diversity, division and discord«,[22] in dem Sinne, den Hutcheon für die
Literaturgeschichte anmahnt.

Die implizite Frage meines Titels »Neue schwedische Literatur zwischen Ein-
wanderer- und Nationalkultur« ist damit nicht in die eine oder andere Richtung
entschieden. Auch nicht in Richtung einer Auflösung der Dichotomien hin zu
einer Poetik der Hybridität oder des Zwischenraums, wie sie die Advokaten

---

22 Kolodny spricht von »diversity, division and discord« (Kolodny, Integrity of Memory, S. 307;
    zit. nach Hutcheon, Rethinking the national model [Anm. 20], S. 30).

der postkolonialen Theorie fordern. Nationale Literatur und Literaturgeschichte werden in dieser Migrantenliteratur durchaus nicht verabschiedet. Gerade dadurch erhebt sich aber die Forderung, das nationale Modell zu überprüfen und neu zu bestimmen.

Literatur

Primärtexte:

ANYURU, Johannes: Det är bara gudarna som är nya. Dikter, Stockholm 2003.
ANYURU, Johannes: Förord, in: The Latin Kings: Texter, Uppsala 2004, S. 7–10.
BAKTHIARI, Marjaneh: Kalla det vad fan du vill, Stockholm 2005.
KHEMIRI, Jonas Hassen: Ett öga rött, Stockholm 2003.
WENGER LEIVA, Alejandro: Till vår ära, Stockholm 2001.

Forschungsliteratur:

AMODEO, Immacolata: »Die Heimat heißt Babylon«. Zur Literatur ausländischer Autoren in der Bundesrepublik Deutschland, Opladen 1996.
ALTGÅRD, Clemens: Den unga prosa, in: Allt om Böcker 1, 1995 , S. 15–17.
ANZ, Heinrich: »Ich wage es, mich auch einen deutschen Dichter zu nennen«. Situation und Selbstverständnis des literarischen Grenzgängers Adam Oehlenschläger zwischen dänischer und deutscher Literatur, in: Bernd Henningsen (Hg.): Begegnungen. Deutschland und der Norden im 19. Jahrhundert, Berlin 2000, S. 19–47.
BEHSCHNITT, Wolfgang: Das Andere der Einwandererliteratur. Überlegungen aus literaturwissenschaftlicher Perspektive, in: Sven Hakon Rossel (Hg.): Der Norden im Ausland – das Ausland im Norden. Formung und Transformation von Konzepten und Bildern des Anderen vom Mittelalter bis heute, Wien 2006, S. 142–149.
BEHSCHNITT, Wolfgang / MOHNIKE , Thomas: Bildungsdiskurs und Alteritätskonstitution in der jüngsten schwedischen Migrantenliteratur, in: Christiane Barz / Wolfgang Behschnitt (Hg.): Bildung und anderes. Alterität in Bildungsdiskursen in den skandinavischen Literaturen, Würzburg 2006, S. 201–229.
BEHSCHNITT, Wolfgang / MOHNIKE , Thomas: Interkulturelle Authentizität? Überlegungen zur ›anderen‹ Ästhetik der schwedischen ›invandrarlitteratur‹, in: Wolfgang Behschnitt / Elisabeth Herrmann (Hg.): Über Grenzen. Grenzgänge der Skandinavistik. Festschrift zum 65. Geburtstag von Heinrich Anz, Würzburg 2007, S. 75–96.

DETERING, Heinrich (Hg.): Dänisch-deutsche Doppelgänger. Transnationale und bikulturelle Literatur zwischen Barock und Moderne, Göttingen 2001.

FEGAN, Ali: Dom tar våra ord, in: arena 2004, Heft 5, S. 40–43.

GRÖNDAHL, Satu (Hg.): Litteraturens gränsland. Invandrar- och minoritetslitteratur i nordiskt perspektiv, Uppsala 2002.

HUTCHEON, Linda: Rethinking the National Model, in: dies. / Mario J. Valdés (Hg.), Rethinking Literary History. A Dialogue on Theory, Oxford u. a. 2002, S. 3–49.

MOHNIKE, Thomas: Doppelte Fremdheit. Zur Verschränkung und Konstitution von poetischer und kultureller Alterität in Alejandro Leiva Wengers *Till vår ära* und seiner Rezeption, in: Sven Hakon Rossel (Hg.): Der Norden im Ausland – Das Ausland im Norden. Formung und Transformation von Konzepten und Bildern des Anderen vom Mittelalter bis heute, Wien 2006, S. 150–158.

WEIGEL, Sigrid: Literatur der Fremde – Literatur in der Fremde, in: Klaus Briegleb / Sigrid Weigel (Hg.): Gegenwartsliteratur seit 1968, München 1992, S. 182–229 (Hansers Sozialgeschichte der deutschen Literatur, Bd. 12).

WENDELIUS, Lars: Den dubbla identiteten. Immigrant- och minoritetslitteratur på svenska 1970–2000, Uppsala 2002.

Klaus Müller-Wille

»Svenska för inhemska«

Zu einer Poetik der Fremdsprache bei Ilmar Laaban und Alexander Weiss

De finns som måste lära sig ett främmande
språk för att kunna tala på sitt eget.[1]

Alexander Weiss, *Definitioner* (1970)

1. Fremdsprachenpoetik (Theodor Kallifatides)

Inte så sällan får jag frågan: hur känns det att skriva på svenska? Är det inte svårt? Det är inte alltid som jag har tid eller lust att svara. Oftast hänvisar jag till Sandemose. Likaså i vuxen ålder bytte han ett språk mot ett annat, danskan mot norskan. ›Det innebär en stor fördel. Nämligen att jag, i motsats till mina norska kolleger, vet att jag inte kan norska!‹ var hans svar på frågan hur det var att skriva på ett främmande språk.[2]

[Nicht selten werde ich gefragt: Wie fühlt es sich an, Schwedisch zu schreiben? Ist es nicht schwer? / Es ist nicht immer so, dass ich Zeit oder Lust habe zu antworten. Oft verweise ich auf Sandemose. Auch er tauschte im Erwachsenenalter eine Sprache gegen eine andere, das Dänische gegen das Norwegische. ›Das beinhaltet einen großen Vorteil. Nämlich, dass ich – im Gegensatz zu meinen norwegischen Kollegen – weiß, dass ich kein Norwegisch kann!‹ war seine Antwort auf die Frage, wie es ist, in einer fremden Sprache zu schreiben.]

Die Aversion, mit der Theodor Kallifatides auf die Frage nach seinem Fremdsprachengebrauch reagiert, weist indirekt auf die gravierenden theoretischen Probleme hin, die mit dem Begriff der ›Migrationsliteratur‹ verknüpft sind. Denn unabhängig von den methodischen Schwierigkeiten, welche die immer noch übliche Definition dieses Begriffes über biographische und thematische Kriterien mit sich bringt, geht das Konzept einer ›Migrationsliteratur‹ implizit mit einer Abgrenzung von einer wie auch immer gearteten, ›normalen‹ Nationalliteratur einher. Genau gegen diese Abgrenzung oder den Sonderstatus, der den migrierten Autoren in einer exkludierenden Inklusion gleichermaßen innerhalb und außerhalb der schwedischen Literaturgeschichte zugeschrieben wird, scheint sich

---

1 »Es gibt die, die eine fremde Sprachen lernen müssen, um in ihrer eigenen sprechen zu können.« – Übersetzungen aus dem Schwedischen stammen hier und im Folgenden von mir, KMW.

2 Theodor Kallifatides: Synpunkter på vårt språk: Att bli fräsch som daggfrost, in: ders.: I främmande land. Stockholm / Värnamo 1985, S. 13–18 (ursprünglich in: Svenska Dagbladet, 2.2.1978).

Kallifatides vehement zur Wehr setzen zu wollen. Wie aussichtslos sein Unterfangen zu sein scheint, zeigen die Einträge in schwedischen Literaturgeschichten, in denen Kallifatides nicht als ›schwedischer Autor‹, sondern immer noch als der typische Vertreter der Migrationsliteratur der 1960er Jahre behandelt wird.[3]

Dennoch deutet der Bezug auf das *bonmot* von Aksel Sandemose an, dass der Fremdsprachgebrauch für Kallifatides eigenes Schreiben keineswegs irrelevant ist. Ja, auch er lässt sich im Verlauf des oben zitierten Artikels auf den Versuch ein, die Vorzüge des Schreibens in einer Fremdsprache herauszustreichen. Dabei bedient er sich der Metapher des Sprachgefängnisses, die er allerdings bezeichnenderweise auf seine ›Muttersprache‹ Griechisch bezieht. Diese überraschende Zuschreibung wird mit direktem Bezug auf erkenntnistheoretische Positionen der analytischen Philosophie entwickelt, die gemeinhin mit dem Schlagwort des *linguistic turn* verbunden werden:

> När jag någon gång i tonåren började skriva på grekiska hade jag en mycket intensiv förnimmelse av att vara instängd i ett språkets fängelse, bl a av den anledningen att språket i första hand bestod av meningar, inte av ord. Språket i sig var ett tankesystem, inte ett neutralt kommunikationssystem. Språket var en programmerad datamaskin som kunde besvara *bara en* sorts frågor och med vars hjälp kunde ställas *bara en* sorts frågor. Visserligen var programmet ganska brett, men ibland inte brett nog.[4]

> [Als ich irgendwann als Teenager angefangen habe, Griechisch zu schreiben, hatte ich das sehr intensive Gefühl, in ein Gefängnis der Sprache eingesperrt zu sein, u. a. da die Sprache in erster Linie aus Sätzen bestand, nicht aus Wörtern. Die Sprache an sich war ein Gedankensystem, kein neutrales Kommunikationssystem. Die Sprache war ein programmierter Computer, der *nur eine* Sorte Fragen beantworten konnte und mit dessen Hilfe man *nur eine* Sorte Fragen stellen konnte. Sicherlich war das Programm recht breit, aber manchmal nicht breit genug.]

Wenn Sprache Wirklichkeit konstituiert, dann bedeutet der Wechsel zu einer Fremdsprache zunächst nicht mehr und nicht weniger als eine Erweiterung der Erkenntnissoftware, d. h. den Gewinn anderer Ausdrucks- und Fragemöglichkeiten. Darüber hinaus – so Kallifatides – verfüge der Anwender einer Fremdsprache über eine Autonomie, die er in der eigenen Sprache nie erlangen könne: »Poängen är den att man i förhållande till det nya tankesystem inte är och inte känner sig maktlös.«[5]

3　So wird Kallifatides' Autorschaft etwa in der Literaturgeschichte von Lönnroth und Delblanc allein unter der Rubrik »De nya svenskarna« (»Die neuen Schweden«) behandelt. Selbst im Register wird sein Name mit dem Zusatz »författare av grekisk börd« (»Autor griechischer Herkunft«) versehen. Vgl. Lars Lönnroth / Sverker Göransson (Hg.): Den svenska litteraturen 6. Medeåldens litteratur, Stockholm 1990, S. 112–113 u. S. 307.

4　Ebd., S. 15–16.

5　Ebd., S. 16. »Die Pointe ist, dass man im Verhältnis zum neuen Gedankensystem weder machtlos ist noch sich machtlos fühlt.«

Die Souveränität, die den Umgang mit der Fremdsprache auszeichnet, leitet Kallifatides von einem freieren und exakteren Sprachgebrauch ab. Im Gegensatz zum Muttersprachler könne sich der Anwender einer Fremdsprache von den vielfältigen, dunklen Konnotationen lösen, die dieser unbewusst mit einzelnen Begriffen verknüpft. Da der fremdsprachige Autor auf eine bewusste Übersetzungsarbeit angewiesen sei, sei er regelrecht dazu gezwungen, klarere Gedanken und exaktere Beschreibungen zu schaffen. Zusammengefasst bedeutet dies:

Att skriva är att tänka. Att tänka kräver maximal frihet. Maximal frihet kräver ett neutralt språk. Ens modersmål är aldrig neutralt. Ett nytt språk *kan* vara det.

Av detta följer att man *kan* tänka bättre på ett nytt språk – något som även Rudolf Carnap, semantikens fader, har sagt. Detta skulle betyda att det nya språket är ens eget språk i väsentligen striktare mening än ens modersmål. Man är sitt språks mor och far, inte dess barn.[6]

[Schreiben bedeutet zu denken. Zu denken verlangt maximale Freiheit. Maximale Freiheit verlangt eine neutrale Sprache. Die eigene Muttersprache ist nie neutral. Eine neue Sprache *kann* es sein. / Daraus folgt, dass man in einer neuen Sprache besser denken *kann* – etwas, dass sogar Rudolf Carnap, der Vater der Semantik, gesagt hat. Dies bedeutet, dass die neue Sprache in einem sehr viel strikteren Sinne als eigene Sprache bezeichnet werden kann als die Muttersprache. Man ist Mutter und Vater seiner Sprache, nicht deren Kind.]

Trotz seiner polemischen Absicht bedient sich Kallifatides in seiner Argumentation der Prädikate, die wir gemeinhin anwenden, um das Phänomen Fremdsprache zu charakterisieren: Der unbewusste Gebrauch der eigenen Sprache wird vom bewussten der Fremdsprache abgegrenzt, ein natürlicher Erwerb steht einem künstlichen gegenüber. An einer entscheidenden Stelle kehrt Kallifatides die Zuordnungen allerdings regelrecht um. Gerade weil sie ›unbewusst‹ und ›natürlich‹ funktioniert, erscheint die Muttersprache als fremdes und opakes Medium, das uns im Innersten beeinflusst, ohne dass wir diesen Einfluss fassen können. Dagegen kann die vermeintliche Fremdsprache als Fremdkörper wahrgenommen und in ihrer Funktionsweise transparent gemacht werden. In diesem Sinne zeichnen sich nicht die eingewanderten Autoren, sondern die einheimischen durch einen infantilen Sprachgebrauch aus (die naive Frage, ob es sich nicht schwer anfühle, auf Schwedisch zu schreiben, müsste also konsequenterweise an muttersprachliche Autoren gerichtet werden). Insgesamt bemüht sich Kallifatides darum, aus einem vermeintlichen Mangel ästhetischen Mehrwert zu schöpfen. Die ästhetische Leistung seiner Texte besteht keineswegs in der – sozusagen ›sportlichen‹– Leistung, dass sie in einer Fremdsprache abgefasst sind, sondern darin, dass sie über eine spezifische Form von sprachlichem Bewusstsein

6 Ebd., S. 17–18.

verfügen, welche sich ein ›muttersprachlicher‹ Autor nie aneignen kann (selbst
wenn man – etwa im Fremdsprachenunterricht – dazu gebracht werden kann,
seine Sprache als Fremdsprache wahrnehmen zu lernen, würde man sie dennoch
kaum als Fremdsprache gebrauchen).

Kallifatides' Artikel eignet sich gut, um den Rahmen für die folgenden Aus-
führungen abzustecken. Im Zentrum des Aufsatzes wird die Frage stehen, inwiefern zwei schwedische Autoren in den 1950er und 1960er Jahren ihr Schreiben
in einer Fremdsprache ästhetisch aufzuwerten versuchen und in welchen konkreten literarischen Strategien sich dieser Fremdsprachgebrauch niederschlägt.
Das Ziel des Artikels besteht dabei weniger darin, mit der Fremdsprachenpoetik
ein einheitliches oder typisches ästhetisches Charakteristikum der Migrationsliteratur zu benennen, sondern anhand von sehr konkreten (marginalen oder
marginalisierten) Fallbeispielen einen Hinweis auf die Vielfalt der literarischen
Verfahren zu skizzieren, die sich aus einem bewussten Zweitsprachgebrauch ableiten lassen.

2.   Alterität und Anagramm (Ilmar Laaban)

Ilmar Laaban bietet ein typisches Beispiel für einen migrierten Autoren, der mit
seinen Bemühungen um eine Migration der Literatur die literarische Entwicklung seines zweiten Heimatlandes vorantreibt. Der gebürtige Este flüchtet 1944
aus Furcht vor der Rekrutierung durch die deutsche Armee nach Schweden.
Dort macht er sich vor allem als Übersetzer verdient. Legendär ist seine zusammen mit Erik Lindegren besorgte Sammlung von Übersetzungen *19 franska
poeter* (1948), die den Modernismus nach Schweden bringt. Weitere Übersetzungen aus dem Französischen, Deutschen und Estnischen folgen. Doch nicht
nur als Übersetzer, sondern auch als Literatur-, Kunst- und Musikkritiker sowie
als Herausgeber der international orientierten Avantgarde-Zeitschriften *Odyssé*
und *Salamander* nimmt Laaban eine zentrale Stellung im schwedischen Kultur-
leben ein – zumindest gilt dies für den Bereich der Avantgarde-Strömungen der
1950er–1980er Jahre.[7]

---

7   Laabans Poesie, Übersetzungen sowie Literatur-, Kunst-, Musikkritiken liegen seit den 1980er
    Jahren gesammelt vor. Vgl. Ilmar Laaban: Poesi (Skrifter, 1), Lund 1988; ders.: Om Litteratur
    (Skrifter, 2), Lund 1988; ders.: Om Konst (Skrifter, 3), Lund 1988; ders.: Om Musik (Skrifter,
    4), Lund 1988. Trotz dieser Ausgabe findet sich bis heute erstaunlich wenig Sekundärlitera-
    tur zu seinen schwedischen poetischen sowie literatur-, kunst- und musikkritischen Schriften.
    Deshalb kann an dieser Stelle nur auf die knappe Einführung verwiesen werden, die Teddy
    Hultberg in einem umfangreichen Booklet zu einer CD mit Laabans Lautpoesie veröffentlicht
    hat. Vgl. Teddy Hultberg: Anteckningar till Ilmar Laabans ljudpoesi, in: CD-Booklet zu Ilmar
    Laaban: Ankarkättingens slut är sångens början. Poesie och ljudpoesi 1944–1993 (Fylkingen
    records, 1011), hg. v. Teddy Hultberg, Stockholm 1998, S. 7–18. Auch in seiner Monographie

Auch Laaban geht in einem 1964 in der Zeitschrift *Origo* publizierten Artikel auf das Problem des Schreibens in einer Fremdsprache ein. Der Artikel erscheint unter der etwas verwirrenden Ankündigung eines Interviews. Es handelt sich aber um einen vollständig autonomen Text, hinter dem sich eine ausgeklügelte poetologische Reflexion verbirgt. Im Gegensatz zu Kallifatides definiert Laaban seine Position dabei keineswegs über einen Gewinn an Souveränität, sondern (wie es auf den ersten Blick erscheint) herkömmlicher über einen doppelten Mangel:

Exilförfattaren lever i två komplementära språkvärldar.

Å ena sidan det språk ›där han har sina rötter‹– men dessa rötter hotas av uttorkning; i bästa fall förvandlas de till luftrötter, liknande mangroveträdets. Hos dem med vilka han talar detta språk och som köper eller inte köper de böcker han skriver är det utsatt för en rapid försämring och utarmning.

[...] Å andra sidan hör, talar och läser han dagligen ett språk ›där han saknar rötter‹. Försöker han att slå rot i det, så blir det återigen luftrötter – men i en annan bemärkelse än nyss. Här är faran att han fastnar i någon av språkets ytligt aktuella zoner – den idédebattsaktuella, den modeestiteserande, den jargonintellektuella – som hos honom inte motvägs och befruktas av de elementära, de väsentliga barndomsorden.[8]

[Der Exilautor lebt in zwei komplementären Sprachwelten. / Auf der einen Seite die Sprache, ›wo er seine Wurzeln hat‹, – aber diese Wurzeln werden vom Austrocknen bedroht; im besten Fall verwandeln sie sich zu Luftwurzeln, wie die der Mangrove. Bei denen, mit denen er diese Sprache spricht und die seine Bücher kaufen oder nicht kaufen, ist sie einer rapiden Verschlechterung und Verarmung ausgesetzt. / [...] Auf der anderen Seite hört, spricht und liest er täglich eine Sprache, ›in der er nicht verwurzelt ist‹. Versucht er sich in ihr zu verwurzeln, entstehen wieder Luftwurzeln –, aber in einer anderen Bedeutung als eben. Hier besteht die Gefahr, dass er sich in einer der äußerlich aktuellen Zonen der Sprache verfängt – die ideendebattenaktuelle, die modeästhetisierende, die jargonintellektuelle –, die bei ihm nicht durch die elementaren, die wesentlichen Kindheitsworte aufgewogen und befruchtet werden.]

Zunächst bietet das Zitat ein schönes Beispiel dafür, wie sehr unser Sprechen über Sprache von den Phantasmen geprägt ist, die von den nationalen Diskursen

zu Öyvind Fahlströms poetischem Werk geht Hultberg ausführlich auf Laaban ein. Vgl. Teddy Hultberg: Öyvind Fahlström i etern – Manipulera världen / Öyvind Fahlström on the Air – Manipulating the World, Stockholm 1999, S. 24–39. Zur Bedeutung Laabans für die Vermittlung von (französischem) Modernismus und Avantgardeliteratur im Schweden der 1950er Jahre vgl. Claes-Göran Holmberg: Upprorets tradition. Den unglitterära tidskriften i Sverige (= Samhällsvetenskapligt bibliotek), Stockholm / Lund 1987, S. 144–145. Hier findet sich auch eine schöne Präsentation der unterschätzen Literaturszene der 1950er Jahre in Schweden, wobei Odyssé und Salamander eine besondere Erwähnung finden. Vgl. das Kapitel »De många femtiotalen« (»Die vielen 50er Jahre«) in: Ebd., S. 87–107.

8   Ilmar Laaban: Origo intervjuar exilförfattare: Ilmar Laaban om språket (Origo 6 1964), in: ders.: Om Litteratur [Anm. 7], S. 183–184.

des frühen 19. Jahrhunderts herrühren. Denn die Rede von einer wachsenden Sprache, in die wir auf die eine oder andere Art verwurzelt sind, entstammt – wie die Differenz zwischen einem äußerlich rhetorischen und einem innerlich eigentlichen Sprachgebrauch – der Sprachtheorie um 1800.[9]

Genau aufgrund dieses allgemeinen Bezugs gilt es genauer zu lesen und zu schauen, wie Laaban seine vermeintliche sprachliche ›Entwurzelung‹ zu definieren versucht. Zunächst skizziert er einen doppelten temporären Bruch. Während er im Estnischen von der aktuellen Sprachentwicklung abgeschnitten ist, die er nur in verzerrter Form über die schriftlichen Veräußerungen der Parteibürokraten wahrnehmen kann, verfügt er im Schwedischen über keinen Ursprung oder Halt, den die Sprache der Kindheit gewährleiste. Folgt man den botanischen Metaphern des Textes, ist er im Estnischen vom Wachstum der Sprachpflanze abgeschnitten, im Schwedischen fehlt ihm die Kraft eines lebensspendenden Samenkorns. Mit der Vorstellung eines organischen Sprachkörpers, zu dessen Entwicklung die Sprechinstanzen gleichermaßen beitragen, wie sie durch ihn geprägt werden, bestätigt Laaban zunächst das Phantasma einer sozusagen ›vegetativ‹ angeeigneten Nationalsprache, die verspricht, ein allgemeines symbolisches Zeicheninventar und persönlichste imaginäre Phantasien auf eine Art und Weise zu verschränken, dass sie ununterscheidbar werden.

Allerdings zeigt Laaban von seiner vermeintlichen Randposition aus auch sehr genau die Grenzen dieses Phantasmas auf. Denn sein Essay deutet indirekt auf eine temporäre Widersprüchlichkeit des Wunschbildes National- oder Muttersprache hin. Einerseits verknüpft man die Mutter- oder Nationalsprache mit der Vorstellung eines gegebenen Ursprungs und andererseits bindet man sie an die Vorstellung einer fortlaufenden Anwendung, also einer fortlaufenden Performanz der Sprache, die sich sozusagen über den gemeinsamen Sprachgebrauch erst neu konstituiert. In diesem Sinne befindet sich die Nationalsprache in dem heiklen zirkulären Zustand, dass sie stets das zu neu werden verspricht, was sie eigentlich immer schon gewesen ist.[10] Das dilemmatische Verhältnis zwischen dem Glauben an einen gegebenen Ursprung und der Vorstellung einer fortlaufenden Sprachschöpfung wird in dem Phantasma der Nationalsprache aber außer Acht gelassen oder durch die erwähnten biologischen Metaphern kaschiert.

---

9 Immer noch ausschlaggebend dazu vgl. Michel Foucault: Die Ordnung der Dinge. Eine Archäologie der Humanwissenschaften, Frankfurt a. M. 1974 (stw, 96), S. 342–366; sowie stellvertretend zum Zusammenhang zwischen Konstitution von Sprachwissenschaft und Idee der Nation Dieter Cherubim u. a. (Hg.): Sprache und bürgerliche Nation. Beiträge zur deutschen und europäischen Sprachgeschichte des 19. Jahrhunderts, Berlin / New York 1998.

10 Laaban umkreist hier die paradoxe Temporalität des Phantasmas ›Nationalsprache‹, auf die Homi Bhabha in mehreren Aufsätzen aufmerksam gemacht hat. Vgl. u. a. Homi K. Bhabha: DessimiNation. Zeit, narrative Geschichte und die Ränder der modernen Nation, in: ders.: Die Verortung der Kultur, Tübingen 2000 (= Stauffenburg Discussion, 5), S. 207–254.

Ich gehe so ausführlich auf diesen Punkt ein, um zu verdeutlichen, dass Laabans Fremdsprachen-Poetik keineswegs eine reine Migrantenproblematik trifft, sondern um eine sprachliche Fremdheit – bzw. eine Fremdheit der Sprache oder eine Alterität des Sprechens – kreist, die auch das Sprechen in der Mutter- oder Nationalsprache betrifft.[11]

Dies wird im weiteren Verlauf des Essays deutlich: Denn Laaban verortet sein Schreiben genau an der Bruchlinie, dem doppelt entfremdeten Zwischenraum, der zwischen einer Sprache aufklafft, die als tote, abgestorbene empfunden wird, da sie nicht mehr gesprochen wird, und einer solchen, die als haltlos empfunden wird, da sie früher nicht gesprochen wurde. Dieser doppelten zeitlichen Verfehlung versucht Labaan durch eine Strategie im Gebrauch der Mutter- und Fremdsprache zu begegnen, welche die diagnostizierten sprachlichen Mängel paradoxerweise durch deren gezielte Betonung zu kompensieren versucht. Dabei setzt er darauf, beide Sprachen selbst genau der innerlichen Spannung auszusetzen, die er als das doppelte Spracherleben des Exilautors diagnostiziert. Er kreiert mit anderen Worten Sprachhybride – ›Nationalfremdsprachen‹ oder ›Mutterfremdsprachen‹–, welche die diagnostizierte Differenz von ›abgestorbener‹ Mutter- und ›nicht angeborener‹ Fremdsprache in sich selbst wiederholen.[12] So versucht er etwa den skizzierten temporären Zwiespalt zwischen der zu alten Muttersprache und der zu jungen Fremdsprache zu betonen, indem er eine neue Sprache kreiert, in der bewusst »abenteuerlichen Archaismen« mit »abenteuerlichen Neologismen« kombiniert werden:

> Han måste skapa sig ett eget språk som av sin egen kraft både borrar sig fram till grundvattnet och följer med en föränderlig värld. Den äventyrliga arkaismen och den äventyrliga neologismen är exilförfattarens element.[13]
>
> [Er muss sich eine eigene Sprache schaffen, die sich aus ihrer eigenen Kraft sowohl zum Grundwasser bohren kann als auch in einer veränderlichen Welt mitfolgen kann. Die abenteuerlichen Archaismen und die abenteuerlichen Neologismen sind das Element des Exilautors.]

Im Schwedischen wird auf diese Weise die Dichotomie von Eigen- und Fremdsprachen in den Sprachgebrauch selbst inkorporiert:

> Är han en purist på sitt modersmål för att försvara det mot dess förorening med främmande kroppar som det inte orkar smälta, så blir han något av en purist också på sitt

---

11 Zur grundlegenden Verortung des Fremden im Eigenen vgl. Julia Kristeva: Fremde sind wir uns selbst, Frankfurt a. M. 1990 (= es, 1604).

12 Stellvertretend zur umfangreichen Forschungsdiskussion um das Konzept der Hybridität, das hier dezidiert nicht im Sinne von ›Interkulturalität‹ verstanden wird, vgl. Elisabeth Bronfen u. a. (Hg.): Hybride Kulturen. Beiträge zur anglo-amerikanischen Multikulturalismusdebatte, Tübingen 1997.

13 Laaban, Om Litteratur [Anm. 7], S. 183.

värdfolks språk. Ty ett handikap kan endast kompenseras genom överkompensation. Ändå är han dömd att förbli en främling. I den gemensamma nämnaren med sitt nya språk, där han kan uppgå utan rest, ryms endast en del av hans jagkärna. [...] Han måste lära sig den svåra och farliga konsten att skriva osvenskt med flit (farlig inte minst genom ökad risk för att skriva osvenskt i misshug) samtidgt som han anstränger sig att skriva svenskare än en svensk.[14]

[Ist er ein Purist in seiner Muttersprache, um sie gegen die Verunreinigung durch fremde Körper zu beschützen, die sie nicht auflösen kann, so ist er auch eine Art Purist in der Sprache seiner Wirte. Denn ein Handicap kann nur durch Überkompensation kompensiert werden. Dennoch ist er dazu verurteilt ein Fremder zu bleiben. In dem gemeinsamen Nenner mit seiner neuen Sprache, in dem er ohne Rest aufgehen kann, hat nur ein Teil seines Ichkerns Platz. [...] Er muss die schwierige und gefährliche Kunst lernen, in der gleichen Zeit mit Absicht unschwedisch zu schreiben (nicht zuletzt deshalb gefährlich, da das Risiko steigt, versehentlich unschwedisch zu schreiben) in der er sich anstrengt, schwedischeres Schwedisch als ein Schwede zu schreiben.]

Unschwedisch Schwedisch schreiben – Schwedischeres Schwedisch als ein Schwede schreiben: Offensichtlich zielt der doppelt verfremdete Sprachgebrauch auch darauf, das Schwedisch für seine Leser gleichermaßen eigen wie fremd erscheinen zu lassen, wobei er mit seinem Insistieren auf einen innersprachlichen temporären Gegensatz – wie erwähnt – einen sehr heiklen Punkt trifft, der es erlaubt, das Phantasma der Nationalsprache als einer ›Gewesenen Werdenden‹ strukturell zu unterlaufen. Um die Paradoxien der Argumentation nochmals zu verdeutlichen sei wiederholt, dass Laaban seinen bewussten Fremdsprachengebrauch keineswegs nur über eine Negation der Ursprungsphantasien konzipiert, die mit der Vorstellung einer organischen Muttersprache verknüpft sind. Es geht ihm eben nicht um einen reinen Fremdsprachengebrauch, sondern um durch und durch heterogene Formen, die keine eindeutigen Zuschreibungen mehr zulassen. In diesem Sinne leuchtet es ein, dass es der poetisch neu kreierten Sprache des Exilautoren, von der er spricht, gelingen muss, den Eindruck eines völlig abgestorbenen und rein äußerlichen Sprachgebrauchs (die skizzierte doppelte Wurzellosigkeit) mit dem elementaren Sprachempfinden zu verbinden, welches die Sprache der Kindheit auszeichnet. Interessanterweise zielt seine Strategie auch keineswegs auf eine Absage an die identitätsstiftende Funktion von Literatur, sondern auf die Stiftung einer komplementären, supplementären Identität:

Vare sig han skriver på sitt hemlands språk eller sitt värdlands, är exilförfattaren en utanförstående, vars enda resurs är att förvandla denna ensamhet till en svår genväg fram till det på djupet gemensamma. Det komplementära – för att återknyta till början – är en form av identitet.[15]

---

14 Ebd., S. 183–184.
15 Laaban: Om Litteratur [Anm. 7], S. 184.

[Ob er in der Sprache seines Heimatlandes oder seines Gastlandes schreibt, immer bleibt der Exilautor ein Außenseiter, dessen einziges Hilfsmittel darin besteht, diese Einsamkeit zu einer schwierigen Abkürzung zu dem in der Tiefe Gemeinsamen zu machen. Das Komplementäre – um nochmals auf den Anfang zurückzukommen – ist eine Form von Identität.]

Nicht allein die Verknüpfung von Identität und dem Komplementären verweist darauf, dass sich Laabans sehr dichter poetologischer Text in vielerlei Hinsicht auf theoretische Positionen der postkolonialen Theorie beziehen lässt, die erst in den 1980er und 1990er Jahren entwickelt werden.

Angesichts dieser subtilen sprachtheoretischen Reflexion drängt sich die Frage auf, wie und ob Laaban sein Programm einer Fremdsprachenpoetologie auch dichterisch umsetzt oder schon vor 1964 umgesetzt hat. Wenn man sich auf sein schwedisches Œuvre konzentriert, dann erscheint es mir zunächst symptomatisch, dass er sich lange Zeit auf Übersetzungen konzentriert. Gerade durch Übersetzungen von einer Fremdsprache in eine andere wird das angedeutete hybride Programm einer ›Mutterfremdsprache‹ nahezu automatisch umgesetzt.[16]

Auch wenn es durchaus reizvoll wäre, Laabans Übersetzungen im Hinblick auf diesen Aspekt zu untersuchen, möchte ich mich an dieser Stelle auf seine wenig umfangreiche schwedischsprachige Produktion und auf die Gattung konzentrieren, mit der er Eingang in die schwedische Literaturgeschichte gefunden hat.[17] Der Bezug auf Laabans anagrammatische Sprachspiele bietet sich in diesem Zusammenhang an, da der Autor selbst im Vorwort seiner 1957 zusammen mit Öyvind Fahlström in Stockholm publizierten Gedichtsammlung *Rrosi Selaviste* einen Bezug zwischen Wortspiel und Emigrantenpoesie herstellt:

On isikuid, kes elavad läbi sajandite, vahetavad kuju ja häält, näitavad endid ainult rõhutamaks oma eemalolu, ja kelle identsuses ometi pole võimalik kahelda.

Alkeemilisist reaktsioonest, mida kustusid läänemaise vaimsuse tundlikumais essentses esile esimese maailmasõja põrutused, kristalliseerus riskantses täpsuses ja kerguses välja Rrose Sélavy kuju. [...] Pariisi kohvikuis külastas ta Robert Desnos'i hüpnootilisi uinakuid. Rroosi Selaviste nime all on temast nüüd saanud Stockholmi pagulaseestlanna, niivõrd kui tema üldse on huvitatud millekski saamisest. Mõnikord räägib ta võõrast keelt, nagu pagulasel paratamatu.

Ta elab diskreetselt, ilma silmanähtava tuluta teistele või iseendale, ja kõneleb veelgi diskreetsemalt, kuid ühe ausa ambitsiooniga: mõelda oma keelega rangemalt, loogilise-

---

16 Ausführlich zum Zusammenhang zwischen Übersetzungstheorie und der von Laaban aufgeworfenen Diskussion über Eigen- und Fremdsprachgebrauch, vgl. den Sammelband Anselm Haverkamp (Hg.): Die Sprache der Anderen. Übersetzungspolitik zwischen den Kulturen, Frankfurt a. M. 1997.

17 Ich beziehe mich hier ganz konkret auf eines der berühmten Kästchen in Lönnroths und Delblanc Schwedischer Literaturgeschichte, das dem »Lekfulle Laaban« gewidmet ist. Vgl. Lönnroth / Göransson: Den svenska litteraturen 6 [Anm. 3], S. 149.

malt, pahatahtlikumalt kui tavaliselt mõeldakse ajudega. Tema jõudetundide – ainsad, mida ta tunneb – unistuseks on murda läbi mõtete peeglist ja käivitada ühe keele masinavärk, kus sõnade hammasrattaid asendaksid hambad ilma ratasteta.[18]

[Es gibt Personen, die durch Jahrhunderte leben, ihre Gestalt und Stimme ändern, sich nur dafür zeigen, um ihre Abwesenheit zu betonen, an deren Identität man aber doch nicht zweifeln kann. / Aus den alchemistischen Reaktionen, die in den empfindlichsten Essenzen der westlichen Geistigkeit durch die Erschütterungen des Ersten Weltkrieges hervorgerufen wurden, kristallisierte sich in riskanter Genauigkeit und Leichtigkeit die Gestalt der Rrose Sèlavy heraus. [...]; in den Pariser Cafés besuchte sie die hypnotischen Nickerchen von Robert Desnos. Jetzt ist aus ihr in Stockholm unter dem Namen Rroosi Selaviste eine emigrierte Estin [Auslandsestin] geworden, insofern sie an werden zu jemandem überhaupt interessiert ist. Manchmal spricht sie eine fremde Sprache, so wie es bei den Emigranten unvermeidbar ist. / Sie lebt diskret, ohne jeglichen offensichtlichen Profit für andere oder für sich selbst; und sie spricht noch diskreter, aber mit einer ehrlichen Ambition: mit ihrer Sprache strenger, logischer, böswilliger zu denken als man normalerweise mit den Gehirnen denkt. Der Traum ihrer Mußestunden – die einzigen, die sie kennt – ist die Spiegel der Gedanken zu durchbrechen und ein Maschinenwerk einer Sprache in Gang zu setzen, in denen die Zahnräder der Wörter durch die Zähne ohne Räder ersetzt würden.][19]

Rrosi Selaviste passt schon deswegen zum Thema der Migrationsliteratur, da es sich um eine sprachlich heterogene Sammlung von estnischen, schwedischen, englischen, französischen und deutschen Wortspielen handelt.[20] Bei »Rrose Selavy«, auf die Laaban im Vorwort Bezug nimmt, handelt es sich um ein Pseudonym und eine Kunstfigur von Marcel Duchamp. Der Name, der sich sowohl als ›Eros ce la vie‹ als auch als ›Et rosse c'est la vie‹ (dumm/gemein ist das Leben) lesen lässt, steht für eine poetologisches Programm. 1939 publiziert Duchamp unter diesem Titel ein schmales Bändchen mit anagrammatischen Wortspielen, die er größtenteils schon in 1920er und 1930er Jahren in dadaistischen und surrealistischen Zeitschriften herausgegeben hat.[21] Laaban ist keineswegs der erste, der Duchamps Verfahren übernimmt. Schon 1930 publiziert Robert Desnos eine Sammlung mit eigenen Wortspielen, die im Titel ebenfalls auf Rrose Selavy

---

18   Ilmar Laaban: Rroosi Selaviste. Kaas ja illustatioonid Öyvind Fahlström, Stockholm 1957, S. [5].

19   Aus dem Estnischen dankenswerterweise übersetzt von Moonika King, Basel.

20   Wichtig ist auch das Zusammenspiel mit den Graphiken von Öyvind Fahlström, einem weiteren Migranten in der schwedischen Kunst und Literatur der 1950er und 1960er Jahre, auf das ich hier allerdings nicht weiter eingehen kann.

21   Duchamps »Rrose Sélavy« und andere seiner Wortspiele sind abgedruckt und kommentiert in Marcel Duchamp: Die Schriften 1, hg. v. Serge Stauffer, Zürich 1981. Grundlegende Informationen zur Poeotologie von Duchamps Wortspielen und der Geschichte der Rrose Sélavy bietet der in diesem Band enthaltene Kommentar »Vorwort. Rrose Sélavy« von Serge Stauffer. Vgl. Duchamp: Die Schriften 1, S. 173–178.

anspielt. Mit dem Titel rekurriert Laaban also auf eine nahezu etablierte Gattung. Duchamp und Desnos greifen mit ihren anagrammatischen Verfahren auf eine Tradition von *pun* und Wortspiel in der klassischen Moderne zurück.[22] Schon Duchamp rechtfertigt sein Verfahren im expliziten Bezug auf Freuds 1905 publizierte Abhandlung *Der Witz und seine Beziehung zum Unbewussten*. In diesem Zusammenhang ist es allerdings auffällig, dass Duchamps in erster Linie solche Wortspiele produziert, die von Freud selbst »als niedrigste Abart des Wortwitzes gelten, wahrscheinlich weil sie am billigsten sind, mit leichtester Mühe gemacht werden können.«[23] Die Wortspiele bauen häufig auf reiner Buchstabenkombinatorik auf, Humor im Freudschen Sinne geht ihnen ab. Entsprechend rechtfertigt Duchamp sein Verfahren als rein sprachliches Experiment:

> Sie wissen, Wortspiele sind stets als eine niedrige Form des Witzes angesehen worden, aber ich finde, sie sind eine Quelle der Anregung, sowohl wegen ihres Klangs wie wegen unerwarteter Bedeutungen, die mit der Wechselbeziehung ungleicher Wörter verknüpft sind. [...] Wenn sie ein wohlvertrautes Wort in eine fremde Atmosphäre verlegen, so haben Sie etwas, das mit der Verzeichnung in der Malerei vergleichbar ist, etwas Unerwartetes und Neues.[24]

»Tunna tungor talar om tunga smärtor i smärta tunnor.«[25] – Auch Laabans Wortspiele rekurrieren auf den zufälligen, buchstäblichen Ähnlichkeiten zwischen Wörtern, welche so verborgene Verbindungen und Bedeutungen frei legen, wie sie etwa zwischen so fern entlegenen Gebieten wie den Adjektiven »dünn« (»tunn«), »schwer« (»tung«) und »schlank« (»smärt«) und den Substantiven »Tonnen« (»tunnor«), »Zungen« (»tungor«) und »Schmerzen« (»smärtor«) bestehen. In diesem Sinne rehabilitiert das Wortspiel eine Form des Denkens, das durch das verortende Denken in Identitäten und Unterschieden verdrängt wurde. Es wird ein Fremdraum innerhalb der Sprache offengelegt, der von Foucault mit expli-

---

22 Zur Tradition des Wortspiels in Romantik und klassischer Moderner mit Hinweis auf dessen (sprach)philosophische Relevanz vgl. Jonathan Culler: The Call of the Phoneme: Introduction, in: ders. (Hg.): On Puns. The Foundation of Letters, Oxford / New York 1988, S. 1–16; Martin Stingelin: Nietzsches Wortspiel als Reflexion auf poet(olog)ische Verfahren, in: Nietzsche Studien. Internationales Jahrbuch für die Nietzsche-Forschung 17, 1988, S. 336–349; Winfried Menninghaus: Lob des Unsinns. Über Kant, Tieck und Blaubart, Frankfurt a. M. 1995; Martin Stingelin: »Au quai?« – »OKAY«. Zur stilistischen Leistung des Wortspiels (Ein Forschungsbericht), in: Peter L. Oesterreich / Thomas O. Sloane (Hg.): Rhetorica Movet. Studies in Historical and Modern Rhetoric in Honour of Heinrich F. Plett, Leiden u. a. 1999 (Symbola et emblemata. Studies in Renaissance and Baroque Symbolism, 9), S. 447–470.

23 Sigmund Freud: Der Witz und seine Beziehung zum Unbewussten, Frankfurt a. M. 1958, S. 36.

24 Das Zitat stammt aus einem Interview Duchamps mit Katherine Kuh (1962). Hier zitiert nach Duchamp: Die Schriften 1, S. 187.

25 Laaban: Rrooси Selaviste [Anm. 18], S. [18]. »Dünne Zungen sprechen von schweren Schmerzen in schlanken Tonnen.«

zitem Bezug auf den Schiffbruch der Rhetorik als das Gemurmel der Sprache
bezeichnet wird:

> Ohne die Unruhe der Dinge und Ähnlichkeiten wäre es unmöglich, die Dinge mit-
> einander zu vergleichen, ihre identischen Züge abzugrenzen und einen gemeinsamen
> Namen zu begründen. Es gäbe keine Sprache. Sprache existiert, weil unterhalb der
> Identitäten und Unterschiede der Boden der Kontinuitäten, der Ähnlichkeiten, der
> Wiederholungen und der natürlichen Verflechtungen liegt. Die Ähnlichkeit, die seit
> dem siebzehnten Jahrhundert aus dem Denken ausgeschlossen ist, bildet immer noch
> die äußere Grenze der Sprache: den Ring, der das Gebiet dessen umgibt, was man
> analysieren, ordnen und erkennen kann. Das ist das Gemurmel, das vom Diskurs auf-
> gelöst wird, ohne das er aber nicht sprechen könnte.[26]

»Att strö ut förstörelse skulle vara en störande förströelse?«[27] − Mit dieser rheto-
schen Frage bringt Laaban die durch seine Anagramme aufgeworfene Problema-
tik auf den Punkt. Denn das springende ›r‹, das die »Zerstreuung« (»förströelse«)
an die »Zerstörung« (»förstörelse«) bindet, verdeutlicht, dass die differentielle Dy-
namik der Sprache eben auf den latenten ›störenden‹ oder sogar ›zerstörenden‹
Prinzipien von ›Streuen‹ und ›Zerstreuen‹ beruht.

Die beiden zitierten Beispiele verdeutlichen ein Charakteristikum von Laabans Wortspielen, in denen häufig zwei oder drei Anagramme und Paronoma-
sien chiastisch ineinander verschränkt und somit potenziert werden:

> Seit geraumer Zeit wohnt Rrosi Selawey im Gezeitenraum.[28]

> Rrose Sellawey's Laundry
> Ironic Ironing of Iron Curtains.[29]

> Sur cent tauromachies, la statistique de Rrose Sélavy compte une centauromachie.[30]

Folgt man Laabans eigener Ankündigung, mit seiner Poesie »den Spiegel der
Gedanken zu durchbrechen«,[31] dann soll die Dekonstruktion der fest definier-
ten Identitäten und Unterschiede, die mit dem poetischen Vordringen in das
Gemurmel der Sprache verbunden ist, in erster Linie imaginäre Bindungen an
die Sprache zerschlagen. Die Vorstellung einer organischen Sprache, in die man
auf die eine oder andere Weise verwurzelt ist, wird also auf radikale Weise unterlaufen. Das Wortspiel, das von reinen Buchstabenverstellungen ausgeht, de-

---

26 Foucault, Die Ordnung der Dinge [Anm. 9], S. 164.
27 Laaban, Rroosi Selaviste [Anm. 18], S. [18]. »Zerstörung zu streuen soll eine störende Zerstreu-
    ung sein?«
28 Ebd., S. [11].
29 Ebd. S. [7].
30 Ebd., S. [14].
31 Ebd., S. [5]. Vgl. das vollständige Zitat Anm. 18.

monstriert vielmehr eine mechanische Eigendynamik der Sprache, welche Laaban durch das Wortspiel von Zahnrad und Zähnen unterstreicht. Insgesamt wird das sprachtheoretische Verfahren Duchamps bei Laaban also mit einer Absage an Identitätskonstruktionen verknüpft, wobei die Kritik an der Vorstellung des »zu jemand zu werden«[32] offensichtlich auch auf eine Migrationsproblematik verweist. Der zu Schau gestellten Alterität der Sprache – der konsequenten Sprachentfremdung – werden politische Konnotationen zugeschrieben.

Sucht man nach entsprechenden Belegen für diese Identitäts- oder Migrationsproblematik im Text, so finden sich allenfalls Wortspiele, welche die Lesererwartung an eine ›estnische/ethnische Spezialität‹ deutlich ironisch subvertieren: »Esst ethische Pasteten in estnischen Nischen!«[33] – »Rrosa Selvasdotters estniska fester är magra på etniskt fett.«[34] Mit Rückgriff auf den späteren Artikel lassen sich allerdings viele Belege für den dort entwickelten Gedanken eines hybriden Sprachgebrauchs finden. Die Wortspiele, in denen häufig auf archaische oder extrem gesuchte Begriffe zurückgegriffen wird, wirken in der Tat gleichermaßen »schwedischer als Schwedisch« wie »unschwedisch«: »Med en läcker läspning äskar äspingen läskning.«[35] Einerseits wird der hier verwendete Wortschatz auch muttersprachlichen Leser imponieren sie oder gar überfordern, andererseits drängt sich der Verdacht auf, dass es sich hier um eine reine Wörterbuch-Dichtung handelt, bei der der Autor schlicht nach lautlichen Äquivalenzen in den entsprechenden Nachschlagewerken gesucht hat. Diese ambivalente Wirkung gehört durchaus zum Programm der Gattung. Auch Duchamps Wortspiele changieren zwischen schlichter Banalität und gesuchter Raffinesse.

Das Besondere an Laabans Sammlung – im Gegensatz zu denjenigen Duchamps – besteht ja nun aber darin, dass er mehrere Sprachen verwendet. Auf der einen Seite wird dadurch der Verfahrenscharakter – das maschinelle oder experimentelle Vorgehen dieser Art von Dichtung betont: Da sich offensichtlich alle Sprachen in ihrem Verhältnis zu dem beweglichen prozesshaften Raum gleichen, den Foucault Gemurmel nennt, lässt sich Duchamps Verfahren auch überall zur Anwendung bringen. In diesem Sinne richten sich auch die estnischen Wortspiele im Sinne einer radikalen Lautpoesie an die schwedischen Leser: »Ainsa loogalõõgiga loob Rroosi Selaviste oma loogelise loogika.«[36] Auf der anderen Seite aber wird durch diesen extrem entfremdeten Sprachgebrauch paradoxerweise eine Dichtung produziert, die das Spezifische der jeweiligen Spra-

---

32   Laaban, Rroosi Selaviste [Anm. 18], S. [5]. Vgl. das vollständige Zitat Anm. 18.
33   Ebd., S. [22].
34   Ebd., S. [25]. »Rrosa Selvasdotters estnische Feste sind mager an ethnischem Fett.«
35   Ebd., S. [19]. »Mit einem Lispeln beantragt das Kreuzotterweibchen das Löschen seines Durstes.«
36   Ebd., S. [7].

che besonders betont. Immerhin handelt es sich bei diesen Wortspielen um Texte, die sich schlichtweg nicht übersetzen lassen (das gilt in diesem Fall im besonderen Masse, da die Texte auf keine Pointe abzuzielen scheinen, die sich immerhin nachträglich erklären ließe).

Man mag diese Art von Dichtung, die zwischen einer spezifischen Sprachaneignung und einer Sprachentfremdung hin- und herschwankt, für marginal halten. Allerdings nehmen Laabans anagrammatische Wortspiele zweifelsohne eine Schlüsselfunktion in der frühen Geschichte der konkreten Poesie und Poetologie Schwedens ein.[37]

3. Grammatikopoesie (Alexander Weiss)

Alexander Weiss, der das zweifelhafte Glück hatte als Bruder von Peter Weiss in die Literaturgeschichte einzugehen, gelangt als vierzehnjähriger Schüler 1938 nach einer wahren Odyssee durch Europa nach Schweden. Die Familie Weiss emigriert 1934 von Berlin nach England, 1936 in die Tschechoslowakei, um nach der deutschen Besetzung 1938 nach Schweden zu fliehen. Folgt man Weiss eigenen autobiographischen Schilderungen, dann hat er nicht nur den dauernden Wechsel zwischen verschiedenen Sprach- und Landeskulturen als traumatisch erlebt, sondern ist besonders dadurch verletzt worden, dass sein Vater den eigentlichen Grund der Fluchtbewegungen lange Zeit vor seinen Kinder verbarg.[38] Der Vater entstammte einer jüdischen Familie aus der Slowakei, trat aber nach seiner Eheschließung zum Christentum über. Die Verarbeitung der Emigration als politische Emigration kann bei Alexander Weiss also erst in der Nachkriegszeit erfolgen und fällt mit der konkreten Trauerarbeit über den Verlust seiner jüdischen Verwandtschaft und der jüdisch-europäischen Familientraditionen zusammen.

Weiss' literarisches Œuvre besteht im Kern aus einer insgesamt acht Bände umfassenden Reihe von kurzen Prosatext- und vor allem Aphorismensammlungen, die er im Verlauf der 1960er und 1970er Jahre in rascher Abfolge publiziert.[39] Tatsächlich kreisen viele dieser Prosastücke um das skizzierte Familien-

---

37 So weist Teddy Hultberg nach, dass Öyvind Fahlströms Essay »Hätila ragulpr på fåtskliaben« (1954), der als frühester Beleg für eine konkrete Poetologie gilt, maßgeblich von den anagrammatischen Wortspielen Laabans geprägt ist. Vgl. Hultberg, Öyvind Fahlström i etern [Anm. 7], S. 24–39.

38 Längere autobiographische Skizzen liefern die Stücke »Fragment« sowie »Rapport från kliniken«. Vgl. Alexander Weiss: Ekvationer, Uddevalla 1967, S. 127–194, und ders.: Definitioner, Uddevalla 1970, S. 96–124. Unnötig an dieser Stelle auf die Entfaltung einer ganz ähnlichen Thematik in Peter Weiss' autobiographischen Schriften zu verweisen.

39 Vgl. Alexander Weiss: Positioner, Uddevalla 1964; ders: Relationer, Uddevalla 1965; ders.: Reaktioner, Uddevalla 1965; ders: Negationer, Uddevalla 1966; ders., Ekvationer [Anm. 38]; ders.: Additioner, Uddevalla 1968; ders.: Kombinationer, Uddevalla 1969; ders., Definitioner

trauma. Immer wieder kommt Weiss auf das Thema des aus der Flucht nach Schweden resultierenden Fremderlebens zu sprechen:

I ett annat land, på en annan planet, skall allting återställas i sin forna ordning, men endast illusoriskt. Visst är det vårt hem men vårt hem är inte längre hemma. Visst är det far och mor men nu är de främlingar i ett främmande land. Vad allting har blivit annorlunda. Man talar inte om det, låtsas inte om det.[40]

[In einem anderen Land, auf einem anderen Planeten, wird alles in seiner alten Ordnung wiederhergestellt, aber nur illusorisch. Sicherlich ist dies unser Zuhause [unser Heim], aber unser Zuhause [unser Heim] ist nicht länger zuhause [unsere Heimat]. Sicherlich sind dies Vater und Mutter, aber nun sind sie Fremde in einem fremden Land. Wie alles anders geworden ist. Man spricht nicht darüber, lässt sich nichts anmerken.]

Die ständige Thematisierung der Verstellung des Vaters ist Programm. Sie mündet in die wiederholte Diagnose einer fundamentalen Identitätskrise, die deutlich von existentialistischen Diskursen der 1950er Jahre gefärbt ist: »Mitt liv är identifieringar, en identitetslöshetens rop efter identitet.«[41] Dabei verschränkt Weiss sein individuelles Leiden zusehends mit dem Trauma der Shoah, was er in vielen seiner kurzen Reflexionen mit der Differenz zwischen ›Leben‹ und ›Überleben‹ zu umschreiben versucht:

Jag har hamnat i fel liv. [...] Jag bär ett främlingskap inom mig och jag blir allt mera likt det. Det går inte att beskriva. Jag kan endast konstatera det. Jag har ännu inte accepterat det. Det är inte det att vi skall dö, det är det att vi skall leva. För mig är det att överleva, leva ett liv som är fel.[42]

[Ich bin in einem falschen Leben gelandet. [...] Ich trage eine Fremdheit in mir und ich werde ihr immer ähnlicher. Es lässt sich nicht beschreiben. Ich kann es lediglich konstatieren. Ich habe es noch nicht akzeptiert. Es geht nicht darum, dass wir sterben müssen, sondern darum, dass wir leben müssen. Für mich ist dies ein Überleben, ein Leben leben, das falsch ist.]

Auch bei dieser Vermischung einer individuellen psychischen Krise mit dem politischen Trauma der Shoah sowie dem universell gültigen existentialistischen Thema der Fremdheit bleibt Weiss ganz prominenten Diskursen der 1950er Jahre verhaftet.

[Anm. 38]. Eine von Wolfgang Butt und Lutz Fischer übersetzte deutsche Auswahl dieser Texte bietet Weiss, Alexander: Bericht aus der Klinik und andere Fragmente, Frankfurt a. M. 1978 (es, 889). Zu Alexander Weiss liegt erstaunlicherweise lediglich ein Sekundärtitel vor, der vom schwedischen Immigrant-Institutet vertrieben wird. Vgl. Helmer Lång: 4 svenska europeer, Borås 1976.

40 Weiss, Positioner [Anm. 39], Stück 88 (Sammlung ist nicht paginiert).
41 Ebd., Stück 39. »Mein Leben besteht aus Identifizierungen, ein Ruf der Identitätslosigkeit nach Identität.«
42 Ebd., Stück 47.

Eigentlich literarischen Wert gewinnen seine Texte erst in dem Augenblick, in dem er die Thematik der Fremdheit auf einer sprachreflexiven Ebene zu potenzieren versucht. Im Gegensatz zu seinem prominenten Bruder publiziert Weiss fast ausschließlich auf Schwedisch. In mehreren seiner Kurzprosatexte geht er auf den Verlust seiner Muttersprache ein, den er nicht allein an der Tatsache der Emigration festgemacht, sondern an dem politischen Missbrauch des Deutschen durch die Nazis. Wieder wird aus dieser politischen Tatsache ein Fremdverhältnis zur Sprache abgeleitet, das existenzielle Züge trägt: »Vårt eget språk hämnar en gemensam förståelse.«[43] Insgesamt wird deutlich, dass der Wahl, in der vermeintlichen ›Fremdsprache‹ Schwedisch zu publizieren, bei Alexander Weiss ein weitreichendes poetisches Kalkül zugrundeliegt:

> Det finns ett språk inom mig med helt annorlunda funktion än det jag använder mig av: mitt modersmål. Detta språk som skulle skilja mig från det jag använder, det språk som är organiskt sammanvuxet med mig men lever i det fördolda. Jag är en flykting och måste tala för att göra mig förstådd. I mitt modersmål skulle jag åter vara hemma. Nu är jag språkligt hämmad och ju mer exakt jag kan uttrycka mig desto mer fjärmar jag mig från den exakthet som skulle vara adekvat. Jag har tvingats in i överlevandet och tvingat mig själv att jag helt enkelt glömde att leva.[44]

> [Es gibt eine Sprache in mir mit einer völlig anderen Funktion als die, deren ich mich bediene: meine Muttersprache. Diese Sprache trennt mich von derjenigen, die ich anwende, die Sprache, die organisch mit mir verwachsen ist, lebt im Verborgenen. Ich bin ein Flüchtling und muss sprechen, um mich verständlich zu machen. In meiner Muttersprache wäre ich wieder zuhause. Nun bin ich sprachlich gehemmt und je exakter ich mich ausdrücken kann, desto mehr entferne ich mich von der Exaktheit, die eigentlich adäquat wäre. Ich bin zum Überleben gezwungen worden und habe mich selbst gezwungen, so dass ich ganz einfach vergessen habe zu leben.]

Der bewusste Gebrauch einer wie auch immer gearteten, ›anorganischen‹ Fremd-sprache, mit der Weiss den Verlust seiner organischen Muttersprache oder besser noch den Verlust von Muttersprache überhaupt nach der Zäsur der Shoah zum Ausdruck bringen möchte, leistet – wie sich dies aus mehreren Metareflexionen erschließen lässt – einer sprachmaterialistischen Poesie Vorschub, in der Wörter nicht als Mittel der Kommunikation, sondern als opake Gegenstände behandelt werden sollen:

> Ord är föremål, föremål för ord, för mig fram, för tillbaka. Jag kastar ord, söker dem. Förkastar dem. För dem tillbaka. För mig tillbaka.
> Mellan ord är inte tystnad.
> Mellan ord är någonting.[45]

---

43 Weiss, Kombinationer [Anm. 39], S. 137. »Unsere eigene Sprache hemmt ein gemeinsames Verstehen [Verständnis].«
44 Weiss, Additioner [Anm. 39], S. 173.
45 Weiss, Positioner [Anm. 40], Stück 22 (Sammlung nicht paginiert).

[Wörter sind Gegenstände, Gegenstände für Wörter, führen vorwärts, führen zurück. Ich werfe Wörter, suche sie./Verwerfe sie. Führe sie zurück. Führe mich zurück./Zwischen den Wörtern ist Schweigen./Zwischen den Wörtern ist etwas.]

Auch hier fällt Weiss allerdings in eine Thematik und eine Ästhetik der 1940er und 1950er Jahre zurück, wobei deutlich wird, inwieweit er sich – trotz der Stilisierung zu einem universellen Fremdling – sehr wohl in einem konkreten schwedischen Traditionszusammenhang bewegt. Denn die Topoi des Wortes als Gegenstand sowie das Ringen um den Wortzwischenraum – der Sprache hinter den Rastern der Sprache – sind uns aus Gunnar Ekelöfs Lyrik vertraut.[46]

Richtig spannend werden die indirekten Reflexionen über den Fremdsprachengebrauch erst in einem anderen Zusammenhang. Schon früh beginnt Weiss seine eigene Produktion mit kurzen psychoanalytischen Überlegungen zu durchsetzen, die sich immer wieder selbstreflexiv mit dem Verhältnis zwischen Kunstschaffen und Neurose auseinandersetzen. Dabei gelingt es ihm, das ständige Insistieren auf einer Mangelerfahrung, das seine eigene Dichtung auszeichnet, als Symptom eines subtilen Verdrängungsprozesses zu analysieren:

Vilken andel har neurosen hos konstnären? Ibland märks den hos honom själv, ibland i hans verk, ibland hos bådadera. Konsten är för honom ett försök att bli herre över sig själv och sin konst. Hans försök leder honom antingen till sublimering eller till renodling av neurosen. I båda fallen driver hans försök honom ständigt vidare till nya försök: han försöker skapa ständigt nya möjligheter för sitt eget liv, försök till läkning, men boten uteblir: då skulle han överge sitt konstnärskap.[47]

[Welchen Anteil hat die Neurose am Künstler? Manchmal stellt man sie an ihm selber, manchmal an seinen Werken, manchmal an beiden fest. Die Kunst stellt für ihn den Versuch dar, über sich selbst und seine Kunst Herr zu werden. Seine Versuche führen ihn entweder zu einer Sublimierung oder zu einer Veredelung der Neurose. In beiden Fällen treiben ihn seine Versuche zu ständig neuen Versuchen: Er versucht ständig, neue Möglichkeiten für sein eigenes Leben zu schaffen, Versuch der Heilung, aber das Heilmittel bleibt aus: dann müsste er seine Kunst aufgeben.]

Eigentlich produktiv macht er diese Einsicht mit dem poetischen Versuch, seine eigenen Neurosen zu potenziert und in potenzierter Form gegen sie anzuschreiben. In Anlehnung an den bisweilen erschreckend naiven Diskurs der Anti-Psychiatrie wird das schizoide Schreiben dabei gegen ein neurotisches ausgespielt:

---

46 Vgl. dazu stellvertretend Joachim Trinkwitz: Studien zur Poetik Gunnar Ekelöfs, Frankfurt a. M. 2001 (Texte und Untersuchungen zur Germanistik und Skandinavistik, 50).

47 Weiss, Additioner [Anm. 39], S. 168.

Många galningar är sannare än neurotikerna: de har åtminstone blivit konsekvent sju-
ka. Deras hallucinatoriska, paranoida, schizofrena värld är sannare än den overklighet
i vilken neurotikerna lever.[48]

[Viele Verrückte sind wahrhaftiger als die Neurotiker: sie sind wenigstens konsequent
krank geworden. Ihre halluzinatorische, paranoide, schizophrene Welt ist wahrhaftiger als die Unwirklichkeit in der die Neurotiker leben.]

An dieser Stelle ist allerdings weder Weiss' Selbstdiagnose noch die anti-psychia-
trische Stossrichtung der entsprechenden Textpassagen von Interesse, sondern
allein die Tatsache, dass der Bezug zur psychoanalytischen Theorie deutlichen
Einfluss auf seine Schreibweise hat. Zu seinen besten Texten gehören Kranken-
hausberichte, fiktive psychiatrische Fragebögen oder die von ihm geschaffene
Gattung des »psychoanalytischen slapticks«[49] – alles Texte, in denen die thema-
tisch aufgegriffenen Fragen von Normierung und Gedächtnispolitik sich auch
auf der Ebene des Sprachgebrauchs niederschlagen.

    In all diesen Texten legt Weiss – wie ich abschließend zeigen möchte –
großen Wert darauf, Sprache als Fremdkörper zu inszenieren. Allerdings steht
jetzt nicht mehr das neurotische Verlangen nach einer verborgenen, echten Muttersprache im Vordergrund, das auch noch in den Phantasmen einer Sprache
hinter der Sprache oder eines Zwischenraums zwischen den Wörtern fortlebt,
sondern die Lust an einer oberflächlichen Sprachdynamik, d. h. an reinen Sprachhandlungen, die sich u. a. an klassischen rhetorischen Figuren – wie etwa an der
Anapher, der Epipher, der Anadiplose, der Paronomasie oder dem Chiasmus –
orientieren.

    Inwieweit diese Potenzierung von rhetorischen Figuren an die Inszenierung
eines sprachlichen Eigenlebens geknüpft ist, das wir mit der Erfahrung eines
Fremdsprachengebrauchs in Zusammenhang bringen sollen, demonstriert Weiss
durch die Kombination mit einem anderen Schreibverfahren. Immer wieder
bringt er regelrechte Paradigmen an die Textoberfläche, die den Sprachgebrauch
eigentlich von innen her regulieren sollen. Bei vielen seiner Gedichte handelt sich um eine Grammatiko-Poesie oder eben um eine extreme Form der
Fremdsprachen-Poesie, die direkt aus dem Repertoire von Schwedisch-Lehr-
büchern zu schöpfen scheint.[50] In einem besonders anschaulichen Beispiel setzt

---

48 Weiss, Kombinationer [Anm. 39], S.137.
49 »Jag har släppt in slapsticken i den psykoanalytiska seansen och psykoanalytikern in i slapsti-
    cken: så driver jag förnuftet till vanvett och vanvett till förnuft.« Zitiert nach Weiss, Additioner
    [Anm. 39], S. 173. »Ich habe den Slapstick in die psychoanalytische Sitzung eingeführt und den
    Psychoanalytiker in den Slapstick: so treibe ich die Vernunft zum Wahnsinn und den Wahn-
    sinn zur Vernunft.«
50 Nicht von ungefähr wird Weiss 1977 eine Gedichtsammlung mit dem Titel *Svenska för inhemska*
    publizieren.

Weiss dieses Schreibverfahren in einen direkten Zusammenhang mit der anti-
psychiatrischen Thematik:

Jag har fått tabletter, preperat, droger, insprutningar, injektioner, piller, medicin, dra-
geer, kapslar och sprutor. Jag har fått behandling, blivit ordinerad, blivit remitterad,
blivit inlagd och utskriven och intagen. Jag har lidit av och blivit och varit och hållit
på med och låtit bli och hade och fick och blev och har och blivit av med. Jag har råtts
att, blivit anmodad att, blivit kallad, skickades, sändes, uppsökte, väntade på, beställde,
råddes att hålla på med, upphöra, börja att. Jag kände det med en gång, hur det blev
bättre, förvärrades, började igen, höll på, blev likadant, förblev så.[51]

[Ich habe Tabletten, Präparate, Drogen, Einspritzungen, Injektionen, Pillen, Medizin,
Dragees, Kapseln und Spritzen bekommen. Ich habe eine Behandlung bekommen,
bin verschrieben worden, überwiesen worden, bin eingelegt worden und ausgeschrie-
ben und aufgenommen. Ich habe gelitten an und bin geworden und bin gewesen und
habe fortgefahren mit und habe gelassen und hatte und bekam und wurde und habe
und bin losgeworden. Man hat mir geraten zu, ich bin angesucht worden um, genannt
worden, geschickt, gesendet worden, habe aufgesucht, gewartet auf, bestellt, bin geraten worden fortzufahren mit, aufzuhören, anzufangen zu. Ich bemerkt sofort, wie
es besser wurde, sich verschlechterte, wieder anfing, fortfuhr, gleich wurde, gleich
blieb.]

In dem folgenden Text wird der Bezug zur Grammatik schon durch den Titel
signalisiert:

Indikativ och konjunktiv
Jag har en bok. Jag hade en bok. Jag skulle ha en bok om jag hade fått en. Jag har
haft en bok. Jag hade haft en bok om den inte hade tagits ifrån mig. Jag hade haft en
bok. Jag skulle ha haft en bok om den inte hade tagits ifrån mig. Jag skall ha en bok.
Jag skulle ha en bok om den inte hade tagits ifrån mig. Jag skulle ha haft en bok om
jag hade fått en.
Jag är den jag är. Jag vore den jag är om ingenting hade kommit emellan. Jag var den
jag var. Jag skulle vara den jag är om någonting hade kommit emellan. Jag har varit
den jag har varit. Jag hade varit den jag hade varit. Jag skulle ha varit en annan om jag
inte vore den jag är. Jag kommer att vara jag. Jag skulle vara en annan om jag inte vore
den jag är. Jag skulle ha varit en annan om någonting hade kommit emellan.[52]

[Indikativ und Konjunktiv
Ich habe ein Buch. Ich hatte ein Buch. Ich hätte ein Buch, wenn ich eins bekommen hätte. Ich habe ein Buch gehabt. Ich hätte ein Buch gehabt, wenn es mir nicht
genommen worden wäre. Ich hätte ein Buch gehabt. Ich würde ein Buch gehabt haben, wenn es mir nicht genommen worden wäre. Ich werde ein Buch haben. Ich

51   Weiss, Positioner [Anm. 39], Stück 40 (die Sammlung ist nicht paginiert).
52   Weiss, Additioner [Anm. 39], S. 117.

würde ein Buch haben, wenn es mir nicht genommen worden wäre. Ich würde ein
Buch gehabt haben, wenn ich eins bekommen hätte.
   Ich bin der ich bin. Ich wäre der, der ich bin, wenn nichts dazwischen gekommen
wäre. Ich war der, der ich war. Ich würde der sein, der ich bin, wenn etwas dazwischen
gekommen wäre. Ich bin der gewesen, der ich gewesen bin. Ich wäre der gewesen,
der ich gewesen wäre. Ich würde ein anderer gewesen sein, wenn ich nicht der wäre,
der ich bin. Ich werde ich sein. Ich würde ein anderer sein, wenn ich nicht der wäre,
der ich bin. Ich würde ein anderer gewesen sein, wenn etwas dazwischen gekommen
wäre.]

Das Spiel mit den Sprachparadigmen bzw. mit den paradigmatischen Übungen
von Grammatiklehrbüchern mündet in diesen Beispielen noch in eine Iden-
titätsproblematik. Auch das zuletzt zitierte Gedicht, das sich in die Paradoxi-
en einer vergangenen Möglichkeitsform vertieft, kreist um einen konstitutiven
›Nicht-Ort‹ der Artikulation, den die gleichermaßen zu späte wie zu frühe Rede doppelt verfehlt. Schon die tautologische Evidenz des »Ich bin der ich bin«
unterstreicht nur, dass wirklich »etwas dazwischen gekommen« und dass das Ich
folglich ein Anderer ist. Obwohl sich der Verdacht aufdrängt, dass das »Etwas,
das dazwischen gekommen ist«, in erster Linie auf die (Fremd)Sprache bezogen ist, klingt hier doch noch eine Anspielung auf das oben skizzierte familiäre
Trauma nach.
   In anderen Texten von Weiss kann davon allerdings nicht mehr die Rede
sein. Hier wird das Spiel mit den grammatikalischen Paradigmen durch sprachtheoretische Reflexionen bestimmt, die losgelöst vom Aussagesubjekt funktio-
nieren und u. a. den sehr konkreten Auswirkungen der temporalen und modalen
Verbformen nachgehen:

Memorialpekoralmoralitet
   En gång var är blir det skönt att leva då du gav ger skall ge mig kraft att leva då jag
   fick får skall få mod att leva då livet var är blir möjligt när du var är skall vara hos mig
   när jag var är skall vara hos dig en gång var är blir det skönt att leva då vi var är skall
   vara tillsammans en gång hadde har kommer livet för att stanna.[53]

[Memorialgeschreibselmoralität
   Einmal war ist wird es schön zu leben als du mir Kraft zu leben gabst gibst geben
   wirst als ich den Mut zu leben erhielt erhalte erhalten werde als das Leben möglich
   war ist wird wenn du bei mir warst bist sein wirst wenn ich bei dir war bin sein werde
   einmal war ist wird es schön zu leben als wir zusammen waren sind sein werden einmal
   war ist wird das Leben stehen bleiben.]

Die Metapher der »unnötigen Maschinen«, die Weiss in einem anderen Stück
entwirft, um diese Art ›reiner‹ Sprachhandlungen bzw. seine besondere Form

---

53 Weiss, Kombinationer [Anm. 39], S. 48.

des von Lehrbuchparadigmen regulierten Fremdsprachengebrauchs zu beschreiben, erinnert nicht von ungefähr an die Maschinenkunst Jean Tinguelys, die massgeblich zur Aufwertung von Bewegung als dem dominierenden Prinzip der Kunst der 1950er und 1960er Jahre geführt hat:[54]

> En del av mina maskiner äger en fascinerande, destruktiv skönhet: det är som tycktes de tala ett språk som är mjukare och nyttigare i många sammanhang. De är onyttiga, vem vet deras egentliga uppgift, men de är för den skull inte meningslösa. De rasslar, de rör sig, hjulen tycks tugga eller mäta, de finns till trots de maskiner som verkligen utför ett arbete, ersätter en människa, en handling, de är konstruerade enligt en opraktisk, tillfällig och slumpartad princip.[55]

> [Ein Teil meiner Maschinen besitzt eine faszinierende, destruktive Schönheit: Es ist als ob sie eine Sprache sprechen würden, die in vielerlei Hinsicht weicher und nützlicher ist. Sie sind unnötig, wer kennt ihre eigentliche Aufgabe, aber sie sind deshalb nicht sinnlos. Sie rasseln, bewegen sich, die Räder scheinen zu kauen oder zu fressen, es gibt sie trotz der Maschinen, die wirkliche Arbeit verrichten, den Menschen ersetzen, eine Handlung, sie sind nach einem unpraktischen, zufälligen und wahllosen Prinzip konstruiert.]

Die »faszinierende, destruktive Schönheit« der sich lustvoll verausgabenden Sprachmaschinen Weiss' kann an dieser Stelle nur an wenigen Beispielen exemplifiziert werden. So wird etwa das folgende Stück »Diskussionsmaterial« von dem schlichten Prinzip einer Aufreihung von zweigliedrigen Komposita reguliert, in welcher der jeweilig letzte Bestandteil eines Kompositums in der ersten Worthälfte des nachfolgenden aufgegriffen wird. Dabei unterliegt der semantische Inhalt der jeweiligen Signifikanten markanten Verschiebungen, die in der nachfolgenden (völlig sinnlosen) deutschen Übersetzung als solche wiedergegeben werden:

> Allt fanns i rummet: papper, papperspåsar, påslakan, lakansväv, vävinstrument, instrumentalmusik, musiklitteratur, litteraturavhandlingar, handlingar som hade avbrutits för tidigt, tidiga morgnar, morgonrockar, rock- and roll-skivor, skivalbum, albumblad, bladväxter, växtvärk, verksamhet, heta diskussioner, diskussionsmaterial, materialsamlingar, samlag, lagböcker, bokuppslag, uppslagsböcker.[56]

---

54 Vgl. dazu Daniel Spoerris Gedicht in der wichtigen Anthologie *movens*, die Alexander Weiss sicherlich gekannt hat, da auch Peter Weiss dort einige seiner Kurzprosatexte publiziert: »die automaten von tinguely sind/gegen festgelegtes/gegen aussagen endgültige lösungen/gegen stillstand entweder oder/sie sind zerstörend weil sie ständig zerstören[...]//sie sind maschinen weil sie aktiv/selbständig bewegung ausführen/sie sind antimaschinen weil sie zwecklos/der zufall bestimmt«. Zitiert nach Daniel Spoerri: »die automaten von tinguely«, in: Franz Mon (Hg.): movens. dokumente und analysen zur Dichtung, bildenden Kunst, Musik, Architektur, Wiesbaden 1960, S. 80.

55 Weiss, Positioner [Anm. 39], Stück 46 (Sammlung nicht paginiert).

56 Weiss, Additioner [Anm. 39], S. 85.

[Alles gab es im Zimmer: Papier, Papiertüten, Taschenlaken, Lakengeweben, Web-instrument, Instrumentalmusik, Musikliteratur, Literaturabhandlungen, Handlungen, die zu früh abgebrochen wurden, frühe Morgen, Schlafmäntel, Rock- and roll-Platten, Plattenalbum, Albumsblatt, Blattgewächse, Wachstumsschmerzen, Arbeit, heisse Dis-kussionen, Diskussionsmaterial, Materialsammlungen, Geschlechtsverkehr, Rechts-bücher, Bücherumschlag, Nachschlagewerke.]

Natürlich erinnert Weiss' konsequente Ersetzung der Sprechinstanz durch ein metonymisches Prinzip, in der seine Fremdsprachenpoetik schließlich kulmi-niert, an die ebenfalls auf (buchstäblichen) Verschiebungen rekurrierenden Ver-fahren Laabans. Vielleicht ist die Anwendung des folgenden (nicht mehr über-setzbaren) anagrammatischen Spiels somit auch als eine Referenz an Laabans Ga-limathias zu verstehen, mit dem auch dieser die Differenz zwischen Fremd- und Muttersprache sowie all die an diese Differenz geknüpften Phantasmen lustvoll destruiert:

Gallimatematisk metaetik är som gallen i matens skrik på massan. Galli metade Masti-as gallimatematik minimatemaetiskt. Gallimatiasetik matade galne Matias. Metatema, gallimatiasgalen, gallgalen, matiasgalen.[57]

---

57 Weiss, Definitioner [Anm. 38], S. 36.

Antje Wischmann

Die Verheißung des ›anderen Ortes‹

Schwedische Reportagen über die DDR

Nach Unterzeichnung des Grundlagenvertrages BRD-DDR im Dezember 1972 erfolgte auch Schwedens Anerkennung der DDR als Staat.[1] Doch die seit den 1950er Jahren angelegte Doppelstrategie eines offiziellen und inoffiziellen Kulturaustausches wurde auch nach diesem gewichtigen Datum fortgesetzt. Dabei gingen die Initiativen zur Werbung für die sozialistische Republik nicht nur von den kulturpolitischen Vertretern und kulturellen Einrichtungen der DDR selbst, sondern auch von überzeugten schwedischen Akteuren aus.[2]

Ausgehend von neuen Archivfunden ist das Wechselverhältnis beider Staaten im Rahmen u. a. der historischen, politikwissenschaftlichen und linguistischen Forschung aufgearbeitet worden.[3]

1956 war in Stockholm *Föreningen för förbindelser med Tyska Demokratiska Republiken* gegründet worden (ab 1976 *Förbundet Sverige – DDR*). Zur Koordination der kulturpolitischen Aktivitäten der DDR in Schweden wurde 1967 das *DDR-Kulturzentrum* eröffnet und dem Stockholmer Goethe-Institut zur Seite gestellt, das sich ab 1972 gezwungen sah, den Zusatz *Förbundsrepubliken Tysklands Kulturinstitut* in seinem Namen zu führen. Der Zeitraum um 1970 markiert eine Kulmination der auf das Ausland gerichteten kulturpolitischen Aktivitäten der DDR.[4] Neben Visionen eines gelebten Sozialismus oder eines gemeinschaftsstiftenden Kollektivs traten Divergenzen im Verständnis eines staatlich verantworteten Kommunismus zu Tage.[5] Die Ausbürgerung Wolf Biermanns 1976 rief europaweit Proteste hervor und schien die vorherrschende positiv-aufgeschlossene Haltung in Schweden abzuschwächen, auch wenn gewisse Komponenten der DDR-Selbstdarstellung – etwa in der Tagespresse oder in Schulbüchern[6] – weiterhin unkritisch übernommen wurden. Während der 1980er Jahre spitzte sich

---

1 Dieser Beitrag ist im Rahmen des seit 2005 an Södertörns högskola angesiedelten Forschungsprojekts *Kontakt och konflikt: Sverige – DDR* unter der Leitung von Prof. Birgitta Almgren entstanden. Siehe auch ALMGREN 2005 a u. 2005 b.

2 Zur Interaktion Schweden-DDR im Kultur-Bereich mit den Schwerpunkten Schule und Universität siehe ALMGREN: Die DDR – erschreckende Diktatur oder alternatives Gesellschaftsmodell? (Arbeitstitel).

3 LINDEROTH 2002; HERMANN 2006; BRYLLA 2006 a.

4 HERMANN 2006.

5 BRYLLA 2006 b.

6 Siehe etwa JÄRTELIUS 1987.

der Kalte Krieg einmal mehr zu, wobei sich in friedenspolitischen und Abrüstungs-Fragen ein gemeinsames Interesse beider Staaten abzeichnete.[7]
Aus literaturwissenschaftlicher Perspektive hat mich die Frage interessiert, wie öffentlichkeitswirksame Multiplikatoren, nämlich schwedische Journalisten und Reiseschriftsteller das wechselseitige Verhältnis darstellten, insbesondere welche raumkonzeptionellen und texträumlichen Strategien zur Problematisierung des Ost-West-Verhältnisses sie jeweils anwandten. Die Auswahl der ergiebigsten, für die vertiefenden Analysen vorgesehenen Texte enthält beispielsweise eine Dokumentarschilderung von 1969, deren Wiederentdeckung sich lohnt, gerade weil er in eine Phase der Polarisierung kurz vor der Anerkennungswende fällt: *Rapport från Neustadt, DDR* des heute bekannten *Dagens-Nyheter*-Journalisten Hans Axel Holm drückt sowohl Empathiebereitschaft als auch ein ambivalent-skeptisches Interesse an der DDR aus. Vor dem Hintergrund eher kritischer Darstellungen von u. a. Ulf Gudmundsson (*Ett nytt Tyskland*, 1974), der seine überwachende Begleitung in der DDR ausdrücklich erwähnt und fotografisch dokumentiert, oder an Richard Swartz (*DDR – en stat växer fram*, 1974),[8] der sowohl solidarisch als auch distanzierend verfährt, lässt sich zu Beginn der 1980er Jahre eine gewisse Renaissance sozialistischer Ideale beobachten. Auf die positiv konnotierten Raumkonzepte in *Berlin genom två* (1982) des Kunsthistorikers Thomas Millroth und in *Frihetens Enklav* (1983) des Reiseschriftstellers Carl-Johan Charpentier wird daher im folgenden näher eingegangen. Der propagandistisch ausgerichtete Band *Mitt Berlin* (1987) von Arvid Rundberg, Vorstandsmitglied des *Förbundet Sverige – DDR*, gibt Einblicke in typische Funktionärsprosa, wie sie auch die u. a. ins Schwedische übersetzte *DDR-Revue* (*DDR-revyn* 1970–90) enthielt. An Holms Methode der Montage heterogener Dokumente knüpfen implizit die beiden zuletzt erörterten Texte wieder an, die im Zeichen ästhetisierender und theoriegeleiteter postmodernistischer Einflüsse verfasst sind: Das Essay *Tyska bilder* (1986) von Kristian Petri sowie die auf Ost-Berlin und die DDR bezogenen Passagen in Ulf Peter Hallbergs Essayband *Flanörens blick* (1993/96) kombinieren und überblenden Bild- und Textausschnitte. Allein der letztgenannte Titel stammt also aus dem Jahrzehnt nach der »Raumrevolution« 1989, wie Karl Schlögel sie bezeichnet hat.[9] Die Instrumentalisierung des ›anderen Ortes‹ DDR zeichnet sich ab Ende der 1980er Jahre durch eine Reduktion

---

7 MUTH 2001, SCHOLZ 2000.
8 Die Hefte von R. SWARTZ , A. JÄRTELIUS u. M. FALK (s. u.) aus der Schriftserie *Världspolitiska dagsfrågor* von *Utenrikspolitiska institutionen* heben sich von den umfassenderen Darstellungen meines Textkorpus ab. Derartige kurzgefasste und in den Bildungseinrichtungen häufig eingesetzte Handreichungen hatten einen immensen Verbreitungsgrad, so dass die Wirkung dieser kleinen Schriften nicht unterschätzt werden sollte.
9 SCHLÖGEL 2003, S. 62.

der ideologischen Semantisierung aus[10] und verlagert sich auf die Anwendung eines generalisierten Dispositivs des ›anderen Ortes‹.

Meine vertiefenden Textanalysen sind von folgenden Fragen geleitet: Lassen sich spezifische Raumkonzepte ermitteln, die aus schwedischer Sicht für den Entwurf eines DDR-Heterostereotyps charakteristisch sind? Hieran schließt sich die Frage an, ob in den ausgewählten Beispielen bestimmte texträumliche Strategien zur Anwendung kommen, die ich als ›spatial forms‹ bezeichne.

Bei der begrifflichen Anwendung ist zwischen Topographie und Topologie zu unterscheiden: Die Topographie nimmt Bezug auf die reale Geographie und den konkreten Raum, kann aber sehr unterschiedliche räumliche Repräsentationen begründen. Die Topologie bezeichnet generalisierbare räumliche Konzepte und Anordnungen, sowohl allgemeine Schemata (etwa von Vertikalität / Horizontalität, Innen / Außen oder Vorder- / Hintergrund) als auch Vorstellungen von markierten / unmarkierten, von vertrauten / fremden Räumen oder die Foucaultschen Heterotopien, die ›anderen Orte‹, die auf utopische Räume verweisen oder auf Vorstellungen von wirklichen Orten.[11] Raumkonzepte und reale Szenographien können zeitweilig zur Deckung kommen, wie nicht zuletzt Foucault selbst erfahren musste, der 1977 an einem DDR-Grenzübergang erst bei der Einreise und dann bei seiner Rückkehr festgehalten und verhört wurde.[12]

Die Kommentare zur politischen, sozialen oder ökonomischen Lage in der DDR greifen auf bestimmte Metaphern-Sets zurück, die erwartungsgemäß oft die flächenhafte Ausdehnung der DDR und Ost-Berlins oder die Vorstellung eines geschlossenen Behälters[13] zum Ausgangspunkt nehmen. Die Auffassung von Berlin als Enklave oder Bastion korrespondiert mit lokalspezifischen und zeitgeschichtlichen Faktoren und nicht zuletzt dem ideologischen Standpunkt der Verfasser. Holms Ausnahmetext bezieht sich nicht auf Ost-Berlin, sondern auf das Mecklenburger Dorf Neustadt; es ist metonymischer Ort der alltäglichen, inoffiziellen DDR, während sich die von mir ausgewählten Berlin-Texte (meist unreflektiert) gerade auf die von der DDR-Kulturpolitik lancierten Autostereotypen beziehen. Der überzeugte Kommunist Rundberg macht sich die Strategie des Aushängeschilds der »Hauptstadt der DDR« sogar selbst zu eigen.

Die zweite Unterscheidung betrifft reale Räume und Text-Räume: Neben den Kartierungen und Raumsemantisierungen interessiert mich die ›texträumli-

---

10 So auch in dem dezidiert ›unpolitisch‹ gehaltenen Reiseführer nach dem klassischen Vorbild des Itinerars von SCHENKMANIS 1989.

11 Vgl. FOUCAULT 1967, S. 34–46.

12 1975 war Foucaults *Überwachen und Strafen. Die Geburt des Gefängnisses* erschienen.

13 Maria Falk bemüht z. B. den Topos eines unter Druck stehenden Behälters für die DDR zur Zeit der Bürgerrechtsbewegung: »Kyrkan som säkerhetsventil« [Die Kirche als Sicherheitsventil] (FALK 1990, S. 9).

che Darbietungsform‹ der ausgewählten Texte und die jeweilige Beziehung zwischen sequenziellen Texteigenschaften – wie Gesamtstruktur oder ›spatial form‹ – zu den entworfenen Topographien. Anders ausgedrückt: Wie verhalten sich das topographisch-raumkonzeptionelle und das sequenziell-formalästhetische Narrativ zueinander? Möglicherweise liefert diese Relation Aufschlüsse über die topologischen Vorannahmen. Im Folgenden präsentiere ich zunächst einzelne Raumkonzepte aus dem gesamten Korpus, um im Hauptteil die ergiebigsten Textbeispiele näher zu erörtern.

Dominant ist die Auffassung der DDR oder Ost-Berlins als Heterotopie, in einem repressiv-krisenhaften Sinne oder in einem verheißungsvollen, auf die Utopie verweisenden Sinne. Die mehrdeutige Formulierung »Slutenhetens evangelium«[14] [Evangelium der Geschlossenheit] (Charpentier) vereinigt beide Bedeutungsmöglichkeiten und spielt auf eine geradezu klösterliche Abgeschiedenheit an. Der Raum ist umschlossen, hält gefangen, schützt aber zugleich und verwahrt positiv gedeutete Werte. Foucault zufolge vermag die Heterotopie »an einem einzigen Ort mehrere Räume, mehrere Plazierungen zusammenzulegen, die an sich unvereinbar sind.«[15] Eine solche Funktion übernehmen auch einzelne Stadtteile oder Institutionen, wobei die krisenhafte Abweichungsheterotopie, der Überwachungsraum und die Zone der Geborgenheit ineinander projiziert sein können.

Wie das von Hallberg erwähnte »Stilleben« für eine heutzutage museal erscheinende, als Tableau überblickbar gewordene DDR gibt es weiterhin Konzepte, die raumzeitliche Überlagerungen oder die Texthaltigkeit von Räumen bildlich umsetzen. Wie aus Studien zur Archäologie der Erinnerung bekannt, ist die Bedeutungsaufladung historischer Orte unterschiedlich diskursiv vermittelbar: konzeptualisiert etwa als Schichten- oder Faltenmodell bzw. als Projektion sich überlagernder verräumlichter Zeit.

Genauso wie topographische Darstellungen repräsentieren und zugleich bestimmte Verfahren der Wissensarchivierung demonstrieren, sind Raumdarstellungen in der Reiseliteratur zum einen Resultate von raumbezogenen Kulturtechniken und zum anderen Dispositive für nachfolgende Wahrnehmungs- und Lektüreprozesse.

Gerade die kompositorischen und strukturellen Textkonzepte verdeutlichen,[16] wie bereits Auswahl und Anwendung von texträumlichen Ordnungssystemen

---

14 Charpentier 1983, S. 93.
15 Foucault 1967, S. 42.
16 Der metaphorische Vergleich der Stadt mit einem poetischen Text hat eine bis in die Romantik zurückreichende Tradition. Die Formulierung »Berlin i bundet format« (Thor 1987, S. 230), ist nur ein einfaches Beispiel – hier geht es allerdings auch noch um eine konkrete Buchhandlung, die über eine große Sammlung an Berlin-Büchern verfügt. Zusätzlich wird auf die Text-Metaphorik bei Franz Hessel 1928 verwiesen (vgl. ebd., S. 243).

Bedeutung erzeugen. Die Topographien machen bestimmte Einschätzungen oder Wertungen plausibel oder sie appellieren direkt an die Lesenden, Raumsemantisierungen vorzunehmen. Für topographische Konzepte gilt, dass die Karten selbst eine eigene Räumlichkeit und Örtlichkeit erzeugen: »Maps are territories«.[17] Wenn sich ein Text im Sinne einer metaphorischen Karte zu entfalten vermag (»A novel is a figurative mapping«[18]), können sich die Lesenden auch den Text als eine räumliche Einheit oder ein Areal vorstellen. Betrachtet man von dieser Warte aus Typographie, Gliederung und Layout eines Textes, erschließt sich eine weitere bedeutungsstiftende Relation: Texte materialisieren text-räumliche Konzepte. Die Gliederung eines Berlin-Reiseführers in zwei Hälften (der territorialen Aufteilung West- und Ostberlins entsprechend) ist hierfür das einfachste – und kaum erwähnenswerte – Beispiel, dem im folgenden differenziertere Konzepte zur Seite gestellt werden.

Utopische Verheißung der Reinheit

Der ethnologisch vorgebildete Journalist Carl-Johan Charpentier (geb. 1948) erkundet in seinen Reiseaufzeichnungen *Frihetens enklav* [Enklave der Freiheit] (1983) Berlin mit Hilfe der Wallraff-Methode und verschmilzt das Genre ›grävande journalistik‹ mit einer autobiographisch-weltanschaulichen Bilanz zu einer ›ego-zentrierten‹ Sozialreportage. Dokumentierendes Bildmaterial (z. B. Fotos, Textfundstücke, Annoncen) wird illustrierend herangezogen. Der Titel drückt eine Ambivalenz aus, ebenso die Begriffsprägung »Slutenhetens evangelium« [Evangelium der Geschlossenheit] (bezogen auf Ost-Berlin), wobei das Kapitel über West-Berlin den nicht weniger ironischen Titel »Överflödets saliggörande frihet« [Die seligmachende Freiheit des Überflusses] trägt. Charpentier lässt aber keinen Zweifel daran, dass die Dekadenz des Westteils verwerflicher sei als die geringfügigen weltanschaulichen Eintrübungen im Ostteil. Dieser verfüge über eine gewisse Verheißung, da er dem Autor als eine vom Kapitalismus bereinigte Heterotopie erscheint.

Der Westteil der Stadt gemahne an Babylon, ist er doch Schauplatz pervertierten Konsums. Im vom exaltierten Warenrausch und Straßenverkehr verschont gebliebenen Ostteil kläre sich hingegen der Blick. Charpentier erscheint der Alexanderplatz »rogivande och behaglig«[19] [beruhigend und angenehm], an diesem Ort könne sich das moralische Elend nicht festsetzen. Angesichts westlicher Reizüberflutung »blir östarkitekturen ren och sympatisk«[20] [erscheint die

---

17 Vgl. TURNBULL 1989, Titel u. S. 3. Siehe auch WEIGEL 2002, S. 153.
18 MILLER 1995, S. 19.
19 CHARPENTIER 1983, S. 137.
20 Ebd.

Ost-Architektur rein und sympathisch]. Der auf die Utopie verweisende reine Raum trägt keine Spuren der unrühmlichen deutschen Geschichte und ist daher potentiell antifaschistisch konnotiert. Die positive Aufladung bestätigt sich zudem darin, dass der Autor literarische Reminiszenzen eher im Ostteil als im Westteil der Stadt zu verorten weiß.[21]

Ganz rein ist der sozialistische Raum indessen nicht, denn im Hinblick auf die Einschränkung der Reisefreiheit und die Zensur in der DDR resümiert Charpentier: »Den politiken kan aldrig bli rumsren.«[22] [Diese Politik kann nie stubenrein werden.] Die angebliche raumbezogene Unvoreingenommenheit wird durch die Menschenrechtsverletzungen des DDR-Regimes diskreditiert: »begränsningarna skämmer socialismen«[23] [diese Einschränkungen entstellen den Sozialismus]. Auch eine schwedische Variante der Reinheit in Form der alkoholfreien, sog. weißen Woche findet Erwähnung.[24] Ob es sich in den beiden Staaten um die gleiche Art des Purismus, der Bevormundung und der Genussfeindlichkeit handle, bleibt dabei offen.

Während des Aufenthaltes sieht sich der Autor gezwungen, seine eigene ›westliche‹ sozialistische Überzeugung kritisch zu überprüfen. So brutal und abgeschmackt die Westhälfte ihm erscheint, so melancholisch lädt sich Ost-Berlin auf, vielleicht gerade weil Charpentier die sozialistische Hälfte gerne als vorbildlich dargestellt hätte. Seine politische Desillusionierung wird angedeutet:

> Jag kämpar med mig själv, för att komma till klarhet, för att definiera min egen socialism. Än är jag inte färdig. Det tar tid att göra upp med sin tro.[25]

> [Ich ringe mit mir, um Klarheit zu gewinnen, meinen eigentlichen Sozialismus zu definieren. Bisher habe ich mich nicht dazu entschieden. Es braucht Zeit, wenn man mit seinem Glauben abrechnet.]

Der Autor zeigt sich insofern solidarisch mit der DDR, als er polizeistaatliches Agieren als legitime und vorhersehbare Reaktionen auf westdeutsche Provokationen rechtfertigt. Der schädigende Einfluss des kapitalistischen Systems habe beim Autor wie auch in der gesamten schwedischen Gesellschaft Schäden hinterlassen, »sår i samhällskroppen«[26] [Wunden im Körper der Gesellschaft], so dass Charpentier vom (eigentlich moralisch überlegenen) Kollektivismus Abstand nimmt:

---

21 Siehe auch HOLMER 1983.
22 CHARPENTIER 1983, S. 137.
23 Ebd.
24 Vgl. ebd., S. 134.
25 Ebd., S. 140.
26 Ebd., S. 47.

Jag vet inte om jag skulle orka leva här, därför att jag är skadad av det samhälle jag levt och växt upp i och jag har svårt att göra avkall på det jag vant mig vid. Jag tror på kollektivet, men skulle ändå ha svårt att anpassa mig och hela denna kluvenhet får mig att känna mig ynklig, fast jag vet att det är det borgerliga samhället som genom sin indoktrinering skapat grogrunden för dessa skamkänslor [. . .]27

[Ich weiß nicht, ob ich es aushalten würde hier zu leben, weil ich zu sehr von der Gesellschaft geschädigt bin, in der ich gelebt habe und aufgewachsen bin; und mir würde es schwerfallen, auf den Standard zu verzichten, an den ich mich gewöhnt habe. Ich glaube an das Kollektiv, aber es fiele mir schwer mich anzupassen, und dieser Zwiespalt führt dazu, dass ich mich erbärmlich fühle, obwohl ich weiß, dass es die bürgerliche Gesellschaft ist, die durch ihre Indoktrinierung die Grundlage für diese Beschämung geschaffen hat [. . .]]

Stattdessen widmet sich der Türkisch sprechende Autor lieber der ethnischen Maskerade in West-Berlin. Wie Günter Wallraff in *Ganz unten* (1973) schlüpft er in die Rolle des deutsch-türkischen Migranten,28 um sich so zum Maßstab der Kritik zu erheben. Die Migranten aus der Türkei hätten sich allzu sehr assimiliert, sie seien sprach- und identitätslos geworden, woraus die Leser folgern können, dass Charpentier dies für sich selbst ausschließt und zudem gerade seine ›formative years‹ erlebt. Naiver Essentialismus und ein romantisierender sozialistischer Standpunkt verbindet sich im selbstbewussten Habitus des bohemischen Linksintellektuellen. Diese Haltung behält der Autor (ähnlich wie Millroth) auch in seinen in den 1980er Jahren verfassten Reiseessays über u. a. Afghanistan, Minsk oder Hong Kong bei und unterstützt eine an der Politik der schwedischen Linkspartei ausgerichtete Arbeiterkultur.

An dieser Stelle bietet sich ein Seitenblick auf die Ost-Berlin-Darstellungen weiterer Autoren an. In seiner Würdigung Ost-Berlin stimmt Charpentier mit dem kommunistischen Autor Frithjof Lager überein, der schon 1968 lobte, wie »schön und schnell« dort gebaut würde.29 Das Fehlen von Lichtreklame und kommerzieller Werbung wird zum Vorteil Ost-Berlins ausgelegt: Die stadtplanerisch kluge Funktionsvermischung habe außerdem dafür gesorgt, dass die Innenstadt nicht nur zeitweilig belebt sei wie westliche Cities: »Man vill ha en stad som lever hela dygnet, inte bara under affärstid och några av kvällens nöjestimmar.«30 [Man möchte eine Stadt, die rund um die Uhr lebendig ist und nicht nur während der Geschäftsöffnungszeiten und während der Abendunterhaltungs-

---

27 Ebd., S. 123–124. Vgl. mit Reinhard Jirgl in HALLBERG 1996, S. 23: »Idag går sprickan genom varje människa.« [Heute verläuft der Riss durch jeden Einzelnen hindurch.]
28 Auch Millroth zeigt sich von Wallraff beeindruckt, vgl. MILLROTH 1982, S. 69–86 »Några dagar i Abdallahs liv«.
29 Vgl. LAGER 1968, S. 76.
30 Ebd.

Veranstaltungen.] Anders als Charpentier 1983 beschwört Lager trotz der angenehmen Reizarmut keine Beschaulichkeit, sondern eine Geschäftigkeit, die für ökonomische Stabilität bürge.

Der Reisejournalist Hans Krook hingegen drückt in seiner Ost-Berlin-Präsentation 1980 Befremden aus, obgleich er mit dem Ausdruck »stalinfunkis« [Stalinistischer Funktionalismus] eine Parallele zur schwedischen Architektur herstellt. Der Integration von Wohnhäusern in der City begegnet er mit widerwilliger Wertschätzung.

De centrala delarna [av Östberlin] utgörs av en storhetsvansinnig dröm i stalinfunkis med breda körfiler i gator som nästan saknar trafik och enorma gångytor i form av torg med nära nog ökenprägel. [...] ett rent förbryllande intryck gör det faktum att nybyggda bostadshus sträcker sig långt in i de centrala delarna. [...] det skänker liv åt stadskärnan, som ju på andra håll i världen håller på att förtvina genom sin sterila obeboddhet – tänk på Stockholm t ex![31]

[Die zentralen Teile [von Ostberlin] bestehen aus einem größenwahnsinnigen Traum in ›Stalinfunkis‹ mit breiten Fahrbahnen in Straßenzügen, in denen der Verkehr fast völlig fehlt und mit riesigen Freiflächen in Form von Plätzen, die beinahe wüstenartig wirken. [...] einen ganz erstaunlichen Eindruck hinterlässt der Umstand, dass neugebaute Mehrfamilienhäuser bis weit in das Innenstadtgebiet reichen.. [...] dies verleiht dem Stadtkern Leben, der gerade anderswo in der Welt in seiner sterilen Leere eher verkümmert – man denke beispielsweise an Stockholm!]

Zugleich spricht Krook ähnlich ambivalent von »denna förverkligade socialistiska dröm av glas, betong og asfalt«[32] [dieser Verwirklichung eines sozialistischen Traums aus Glas, Beton und Asphalt], einer verwirklichte Utopie also, die ihm Respekt abverlangt, obwohl er das Regime vehement ablehnt.

Auch die finnlandschwedische Journalistin Gitte Lauströer vermerkt im selben Jahr wie Charpentier, dass Ost-Berlin ein rekreatives Potential aufweise, indem es einen »ehrlichen Gegenraum« darstelle. Während ihres Aufenthaltes in West-Berlin habe sie sich hin und wieder nach den »unverstellten, offenen und ehrlichen Gesichtern« gesehnt, »som är stressade av jobb, människor som lever ett strävsamt liv och tycker att det är ›fint‹ med en kopp kaffe på Palasthotellet«[33] [die von der Arbeit gestresst sind, Menschen, die ein anstrengendes Leben führen und für die eine Tasse Kaffee im Palasthotel etwas ›Feines‹ ist]. Hiermit wird eine Art antikapitalistischer Unschuldszustand beschworen, der Parallelen zum Konzept der Reinheit aufweist. Am nachdrücklichsten rühmt Millroth (geb. 1947) die Ost-Berliner Architektur, nicht zuletzt weil sie ihn an das schwedische ›folk-

---

31   KROOK 1980, S. 63.
32   Ebd.
33   LAUSTRÖER 1983, S. 47–48.

hem‹ erinnert. Aus seiner Perspektive berühren sich ›folkhem‹-Nostalgie und sozialistische Utopie, wie die Beschreibung einer Werkskantine im Prenzlauer Berg zeigt:

> Rummen är lika omväxlande som insidorna på kartonger, väggarna tapetserade i gult, mönstrat med brungula rutor. [...] Egentligen ganska trist historia det här, men paradoxalt nog föder sådana här lokaler hos mig ett slags romantiska, kollektivistiska drömmar. Jag tänker på heroism, uppbyggnad, kamp, gemenskap, femtiotalets spräckta förväntningar. Säkert är det helt fel, sådana utspisningslokaler kallades under tredje riket för Volksküche och det var inget romantiskt med dem. Kanske nazisterna till och med byggt den här kantinen? Det kan inte hjälpas, men jag trivs [...]. Det luktar flottigt, men oset blandas med en viss trivsel.[34]

> [Die Räume sind genauso abwechslungsreich wie das Innere von Kartons, die Wände in Gelb tapeziert, mit einem braungelben Rechteckmuster. [...] Eigentlich eine ziemlich traurige Geschichte, aber auf eine paradoxe Weise rufen solche Räumlichkeiten bei mir eine Art von romantischen, kollektivistischen Träumen hervor. Ich denke an Heldentum, Aufbau, Kampf, Gemeinschaft und die enttäuschten Erwartungen der 1950er Jahre. Wahrscheinlich ist das ganz falsch, solche Essensvergabestellen wurden im Dritten Reich 'Volksküche' genannt und an ihnen war sicher kaum etwas Romantisches. Womöglich haben die Nazis diese Kantine sogar gebaut? Ich kann mir nicht helfen, ich fühle mich einfach wohl hier [...]. Es riecht nach Bratenfett, aber dieser Dunst vermischt sich mit einem Wohlgefühl.]

Millroth, der das Baujahr des Gebäudes sicher leicht hätte recherchieren können, nimmt die eigene Nostalgie wichtiger als den Untersuchungsgegenstand. Die ihn geradezu in einen Zustand der Selbstrührung versetzende Erinnerung scheint mit dem Hinweis auf die möglichen historischen Bauherren wie mit Verachtung bestraft. Zugleich vollzieht sich das einschlägige Manöver der Reiseschilderung, Fremdbilder anzukündigen und Selbstbilder zu liefern.

Monumental

Der Sammelband *Mitt Berlin* (1987) von Arvid Rundberg (geb. 1932)[35] verzichtet auf die Bezeichnung ›Östberlin‹ – vornehmlich deshalb, weil es keinen Grund für ihn gibt, sich mit ›Västberlin‹ zu befassen.[36] Darüber hinaus galt die deutsche Titulierung ›Ost-Berlin‹ als vom westlichen Klassenfeind geprägt. Dieser apo-

---

34 MILLROTH 1982, S. 139.

35 In den 1970er Jahren veröffentlichte Rundberg autobiographisch-dokumentarisch angelegte Beiträge zur Arbeitergeschichte.

36 Hans Krook warnt die schwedischen Touristen davor, bei ihrem DDR-Aufenthalt von »Östberlin« oder »sovjetzonen« zu sprechen, da diese von der BRD verwendeten Begriffe verärgern könnten (vgl. KROOK 1980, S. 59 u. 187).

diktischen Markierung entspricht die Gliederung des Bandes, die von der Absicht getragen ist, der DDR ein Monument in Textform zu errichten. Die Einführung enthält einen historischen Abriss zur Geschichte Berlins, von seinen Anfängen als Dorf Berlin-Cölln bis hin zum Niedergang als »den tyska kapitalismens huvudstad« [Hauptstadt des deutschen Kapitalismus] im Jahre 1945.[37] Hieran schließt sich ein Teil mit Interviews namhafter DDR-Kulturpersönlichkeiten an (die insbesondere die Aufbauphase geprägt haben), wobei das Interview als zeitgemäße Variante des Heldenporträts genutzt wird.[38] Großformatige Fotos der Interviewten verstärken diesen Effekt.

Nicht zuletzt durch schwedische Hilfe wurde Rundberg zufolge ermöglicht, die DDR (im Gegensatz zur BRD) völlig von der deutschen faschistischen Vergangenheit loszulösen und den Staat von einem Nullpunkt aus ›rein‹ zu denken.[39] Die Aufnahme von Exilanten während des Zweiten Weltenkriegs wird als wichtiges Moment zur Förderung der Völkerfreundschaft angeführt. Das Interview mit dem ehemaligen Exilanten Georg Henke gibt auch ein Foto dieses befreit im schwedischen Birkenwald Singenden und Musizierenden wieder und bezieht damit auch den Ausschnitt einer schwedischen Nationallandschaft in das textliche Berlin-Monument ein.[40] Zur Heldengalerie zählt beispielsweise auch der schwedische Clarté-Sozialist Arvid Lundgren, der 1970 mit einer DDR-Medaille für seinen antifaschistischen Einsatz belohnt wurde, wodurch das gemeinsame antifaschistische Band der beiden Freundesländer einmal mehr hervortritt. Auch Ost-Berlin ist als Herzstück der aufstrebenden DDR heroisch konnotiert: »DDR:s bultande hjärta« [das pochende Herz der DDR], ein Zentrum der Modernisierung, das dem Puls der neuen Zeit gewachsen ist,[41] wie Rundbergs anschließender Abriss über die Jahre 1945–87 nachvollziehbar machen soll. Der letzte Teil der offensiv optimistischen Eigenpropaganda widmet sich dem Thema Jugend und Zukunft,[42] wobei der Bogen von der heroischen Aufbauphase zur alltäglichen sozialistischen Alltagspraxis der breiten Bevölkerung[43] in der abschließenden Bildserie noch einmal gespannt wird: Die Serie aus

---

37 RUNDBERG 1987, S. 11–88.
38 Porträts von Helden der Arbeit liefert auch BENGTSSON 1981.
39 Vgl. RUNDBERG 1987, S. 102.
40 Vgl. Ebd., S. 121.
41 Ebd., S. 214.
42 Diesen Schwerpunkt wählt auch Gudmundson, aber in kritischer Absicht: Er will die Repressalien gegen die Kirche anprangern, räumt aber eine Chance im Sinne einer Erziehung zur Mündigkeit durch die engagierte Lehrerschaft in der DDR ein. In Schule und Ausbildung werde sich zeigen, ob das sozialistische System sich bewähren könnte. Sowohl Gudmundson als auch Swartz zeigen sich 1974 bemüht, die konstruktiven Aspekte der DDR herauszustellen, angeblich ohne ihre Kritik an den Repressionen relativieren zu wollen.
43 Nur in den beiden letzten Interviews sind Reaktionen auf die wachsende Regimekritik zum Erscheinungszeitpunkt des Buches zu verzeichnen. Ein antiimperialistisch engagierter Pastor

insgesamt zehn Fotografien stellt der betagten Aufbau-Generation die jüngsten Zukunftsträger des Staates gegenüber. Auf den ersten drei Doppelseiten wird jeweils ein Foto eines älteren Herren neben einem Foto von spielenden Kindern an einem wasserspeienden Brunnen dargeboten, so als sollte ein Stichwort aus der Zeitungsüberschrift auf dem zweiten Foto (»Eine Walzstraße im *Jungbrunnen*«) ins Bild gesetzt werden. Durch die konsequente Befolgung der kulturpolitischen Leitlinie der DDR und die Ausblendung West-Berlins hebt sich dieses Beispiel nachhaltig von den übrigen Texten ab, die den abwägenden Vergleich für sich produktiv machen und Ambivalenzen verdeutlichen, um diese analytisch und poetisch ausloten zu können.

Disparat und polyphon

Rapport från Neustadt, DDR [Bericht aus Neustadt, DDR] von Hans Axel Holm (geb. 1933) ist in ästhetischer und ideologischer Hinsicht ein charakteristisches Beispiel für das Produktivwerden einer solchen Ambivalenz. Der dokumentarliterarische Text stellt rund 100 protokollierte Interviews und heterogenes, vor Ort gesammeltes Material zusammen.[44] Die deutsche Übersetzung wurde 1970 von der Nymphenburger Verlagshandlung in München als Feldstudie lanciert und in eine internationale ethnographische Publikationsreihe aufgenommen.[45] Drei Jahre vor Schwedens Anerkennung des Staates DDR macht der Autor das ›andere Deutschland‹ sichtbar, wobei das Spektakuläre gerade ein beliebiges ostdeutsches Provinznest ausmacht.

Holms Dokumentarband, der das Protokollliteratur-Genre durch Anwendung des erweiterten Textbegriffs experimentell überschreitet, basiert auf einem insgesamt dreimonatigen Aufenthalt in Neustadt-Glewe (Mecklenburg) während der Jahre 1967–68. Zum letzten, siebenwöchigen Aufenthalt im Sommer 1968 findet sich eine Aktennotiz der DDR-Hauptschulinspektion, die die behördliche Einschätzung der schulbezogenen Nachforschungen über den schwedischen

---

stellt sich als systemerhaltender Vertreter vor (RUNDBERG 1987, S. 221); eine junge Familie präsentiert sich und ihren Alltag, wobei die 43 Zeilen umfassende, ›spontane‹ Begrüßungssequenz der jungen Ehefrau (vgl. ebd., S. 228 f.) das Genre der Propaganda besonders anschaulich bestätigt.

44 Zu den übergangslos gefügten Textsorten zählen z. B. eine Bürgermeisterrede, ein öffentlicher Brief von Ulbricht, Schulbuchillustrationen, das Fernsehprogramm der Schweriner Volkszeitung, ein Zollprotokoll, eine HO-Preisliste, ein Auszug aus einer Modezeitschrift, das Programm des Arbeiterklubs, ein Formblatt für das Ablieferungssoll, eine Einladung zur Einwohnerversammlung, eine Speisekarte etc. Entsprechend der Materialvielfalt ist auch die Bandbreite der von Holm protokollierten Gespräche groß: Lebensbeichten, Plaudereien, Predigten, Dialoge, Gruppendiskussionen, Unterrichtsgespräche, Stammtischrunden.

45 2005 wurde dieser Band in englischer Sprache neu aufgelegt: The Other Germans: Report from an Eastern German town.

Autor zusammenfasst, der seine Aufenthaltsgenehmigung auf Empfehlung des
Stockholmer DDR-Kulturzentrums erhalten hatte:

> In diesen Wochen hatte er [Holm] viele Kontakte mit der Bevölkerung, die nicht im-
> mer kontrollierbar waren. Er sprach auch offiziell mit dem Bürgermeister und nahm
> an einem Forum des Kulturbundes teil. Er wurde vom Mitglied des Vorstandes des
> Kulturbundes, dem 64-jährigen Lehrer und Heimatforscher, Gen. [Genosse] Balke,
> betreut und beraten. Es entstand damals der Eindruck, daß er um eine objektive Dar-
> stellung der Lage in der DDR bemüht sei. Er bezeichnet sich als linken Sozialde-
> mokraten. Es wurde allerdings auch bekannt, daß er oft abends in Gaststätten mit
> Betrunkenen[46] bzw. mit solchen Menschen sprach, deren negative Haltung zum Staat
> bekannt ist. Sein Buch wurde dann völlig tendenziös und stellt sich als Auftragsli-
> teratur des Revanchismus dar. Er hat Einzel- und Randerscheinungen zu negativer
> Aussage in den Mittelpunkt gerückt. Nur der Bürgermeister und Gen. Balke werden
> namentlich genannt. Alle sonst vorkommenden Namen sind fingiert.
>   Eine direkte Verbindung zur Schule hatte er nicht. Eine Lehrerin Grützner gibt und
> gab es an der Schule und auch im Kreis nicht, auch keine Lehrerin, auf die die Be-
> zeichnung des Holm zutreffen würde. [...] Die Durchsicht der Klassenbücher des in
> Frage kommenden Jahrgangs ergab, daß eine solche Stunde, wie Holm sie beschreibt,
> nie gehalten wurde. Also sind die Darlegungen [...] fingiert bzw. aus tendenziösen
> Einzelmeinungen, vielleicht von Menschen aus den Gaststätten usw. konstruiert wor-
> den.[47]

Der Bericht vermerkt, dass auch ein Redakteur der Westberliner Zeitung *Wahrheit* nach Neustadt gereist sei, um den »Wahrheitsgehalt« des Buches zu überprüfen.[48] Die Aktennotiz berührt unwissentlich, geradezu metareflexiv, eine wesentliche Dimension des Dokumentarismus, indem der Fingierungsakt in Form
des Arrangements ausgewählter Dokumente in bedeutungserzeugenden Beziehungen bewusst gemacht wird. Die Beamten lasen dagegen Holms Buch als
Schlüsselroman und verkannten völlig die Wirkung einer Fiktion des Fakti-
schen. Der Autor ist schließlich gezwungen, seine Recherchen abzubrechen,
da sein Visum nach einer Mahnung durch den Bürgermeister – das Gespräch
wird in *Rapport* wiedergegeben[49] – nicht verlängert wurde.

Der Dokumentarband entwirft einen sozialen Ort anhand von Stimmen und

---

46 Die schärfste Kritik an der DDR-»Diktatur« wird in der Tat von zwei alkoholisierten Personen
    vorgebracht, vgl. HOLM 1969, S. 125 f.
47 Aktennotiz im Bundesarchiv »Betrifft: Buch von Axel Holm«, Ministerium für Volksbildung,
    BArch DR2 A477 vom 24.7.1970, S. 1–2, freundlicherweise zur Verfügung gestellt von B.
    Almgren. Im Vorwort der deutschen Ausgabe *Bericht aus einer Stadt in der DDR* wird angedeu-
    tet, dass Balke (Mitglied der SED) mit seiner Ermunterung an Holm, »Gutes und Schlechtes«
    zu schildern, ein Risiko einging (vgl. HOLM 1970, o. S.).
48 Vgl. HOLM 1969, S. 2.
49 Vgl. ebd., S. 252–254.

biographischen Erzählungen der Bewohner. Die vorangestellte manuell ange-fertigte Kartenskizze hebt hervor, dass Holm für die schwedischen LeserInnen zu einer ethnographisch anmutenden Sprachrohrfigur wird, die – von den In-terviewten mitunter als Zuhörer angesprochen[50] oder indirekt als Urheber der Bricolage in Erscheinung tretend – das verborgene Innenleben Neustadt-Glewes erschließt. Bereits im konkreten Sinne ist hierfür eine erhebliche Übersetzungs-leistung notwendig, die das Interviewmaterial überhaupt erst für Holm verwert-bar macht.

Obgleich die aufgenommenen Texte einander bekräftigen oder widerspre-chen,[51] entsteht kein vollständiges Mosaik, sondern ein Konglomerat der Un-Schlüssigkeit, das Lesermitarbeit erfordert. Jeder Text bei Holm ist nur ein frag-mentarisches Fundstück von vielen möglichen, wie auch die fotografierten Wandzeichnungen oder die Plakatwand im Dorf veranschaulichen.[52] Dieser do-kumentierte *materielle Text in der Lebenswelt* belegt die Sensibilität des Autors für das Verhältnis von Text und Räumlichkeit.

Obwohl Holm insgesamt drei Monate, zur Zeit des Prager Frühlings und der Bekanntgabe einer neuen DDR-Verfassung 1967/68, in Neustadt verbringt, bewahrt er analytische Distanz. Dadurch dass eingangs die Parteizugehörigkeit der Mitglieder des Neustädter Stadtrates angegeben ist (17 Personen SED, je-weils eine Person CDU, liberale Partei, NDP), richtet sich die Aufmerksamkeit der Lesenden auf die mutmaßliche politische Orientierung der Interviewten. Die Lesenden werden zur eigenen politischen Positionierung herausgefordert, indem sie mit Widersprüchen konfrontiert sind, die eine Schaffung orientieren-der Strukturen erschweren oder gängige Schemata politischer Lager unterlaufen: So kommt etwa ein kommunistischer Antisemit zu Wort; das Konfliktpotenti-al zwischen Katholizismus und Sozialismus wird herausgestellt; die Intoleranz gegenüber Homosexuellen anhand eines Fallbeispiels nachvollzogen. Die Aus-führungen eines Fremdenlegionärs zur »Überlegenheit der arischen Herrenras-se«[53] stellen den antifaschistischen Neuanfang in der DDR (s.o. zu Rundberg) ebenso in Frage wie die Forderung eines ehemaligen SS-Soldaten »Vietnam åt vietnameserna, Tyskland åt tyskarna«[54] [Vietnam den Vietnamesen, Deutschland den Deutschen]. Dieser Kommentar kompiliert politische Phrasen auf parado-xe Weise, gerade wenn man sich die Gesprächssituation zwischen einem unbe-lehrbaren Nationalsozialisten und einem jungen Sozialdemokraten vorstellt. In

---

50 Vgl. ebd., S. 178, S. 235, 239. Diesen Ansprachen ist nur zu entnehmen, dass es sich um einen jungen Mann aus Schweden handelt.
51 Holm arbeitet mit seinem kleinteiligen kontradiktorischen Verfahren differenzierter als etwa Erika Runge in *Bottroper Protokolle* (1968).
52 Siehe die Fotos zwischen den Seiten 128–129, HOLM 1969.
53 Vgl. HOLM 1969, S. 133–135.
54 Ebd., S. 34.

seinem unbequemen, beinahe irritierenden Verfahren der Protokollierung von Widersprüchen erreicht *Rapport från Neustadt* eine textspezifische und durch Lesermitarbeit ermöglichte intensive Authentizität.

Die Szenen, in denen Rückkehrer aus dem Westen zu Wort kommen und die Passagen, in denen Vergleiche zwischen der NS-Diktatur und der DDR angestellt werden, belegen, dass Holm bei der Recherche strafrechtliche Verfolgung riskiert haben muss und dass sein aufwendiges Projekt bei einer Ausweisung gescheitert wäre. Die Ereignisse in Warschau und Prag werden ausdrücklich erwähnt und gehen z. B. in einen protokollierten Streit zwischen einem Vater und seinen Sohn ein, wobei der Vater eine kritische, der Sohn eine linientreue Position vertritt. Mitunter drängt sich die Frage auf, ob die Neustädter besonders offenherzig waren, weil sie glaubten, dass ihre Texte allein in schwedischer Sprache publiziert würden.[55]

Doch die Lesenden haben noch weitere Verortungsarbeiten zu leisten, beispielsweise in der Konfrontation widersprüchlicher Dokumente. Ein antikolonialistischer Unterrichtstext über einen schwarzen Schuljungen, der sich vom ersehnten Sieg des Kommunismus ein Ende der klassenspezifischen und ethnischen Diskriminierungen erhofft, wird entweder durch einen privaten Kommentar ausgehebelt – oder betont die rassistische Meinungsäußerung einer zitierten Dorfbewohnerin in Verbindung mit dem Lesebuchtext gerade besonders nachdrücklich, dass der Einsatz solcher Unterrichtswerke dringend geboten ist?[56]

Die zersplitterte ›spatial form‹ von Holms Text hat zur Folge, dass die intratextuellen Anschlussstellen im Textgefüge mitunter weit voneinander entfernt sind. Ein gewisses Hintergrundwissen über die DDR ist für eine produktive Hypothesenbildung unerlässlich.[57] Die Brüche und Verwerfungen in der Präsentationsform sind alternative kontradiktorische Raumkonzepte, die sich den gängigen Metaphern eines Behälters oder einer Krisenheterotopie widersetzen. Weder die Äcker von Neustadt-Glewe noch das abgedroschene Zwei-Welten-Modell kommen in Holms Reportage zur Anwendung, denn texträumliche Raumkonzepte sind in diesem Fall entscheidender als topographische.

---

55 Es wird erwähnt, dass Holm die Gespräche nicht per Tonband aufzeichnen durfte, sondern meist aus dem Gedächtnis protokolliere. Dadurch der erlebten Rede nahestehende Mischformen und eine Verschränkung von Innen- und Außensicht.

56 Vgl. mit der Konfrontationstechnik in Äußerungen über u. a. die Heuchelei bei offiziellen Veranstaltungen, HOLM 1969, S. 226 f.

57 Siehe etwa die Angaben zum Empfang des Hamburger Lokalradios sowie zu den in Neustadt bekannten Reden von Präsident Lübke und Kanzler Kiesinger, die den alltäglichen riskanten Gebrauch von West-Medien verrät (vgl. ebd., S. 139 f. u. 160 f.).

Changierend

Der Titel des Essay *Tyska bilder* [Deutsche Bilder] (1986) von Kristian Petri (geb. 1956) hebt in Verbindung mit den dargestellten visuellen Wahrnehmungen hervor, wie zu einer Serie gefügte Bilder mit sich sukzessive überblendenden Orten korrespondieren. Die unterschiedlichen Tätigkeitsfelder Petris als Autor, Regisseur und Journalist scheinen diese bildlichen Überlagerungen in der Art doppelter Belichtungen zu begünstigen. Vergegenwärtigt man sich die Stationen, die die Figur des Reisenden im Textverlauf passiert, entsteht in einer zerdehnten Sequenz eine assoziative Reihe von Räumlichkeiten, die auf nur sieben Seiten untergebracht ist: Kupferstich von Dresden 1838 – literarisches Zitat: Kurt Vonneguts *Slakthus 5* – Hotel in Köln – Fernsehbilder von Dresden – Platz in Köln – Kentucky Fried Chicken in Köln – Gespräch mit einem tschechisch-deutsch-amerikanischen Soldaten – Wurstabteilung des KaDeWe – Bürgersteig vor dem KaDeWe – Filmshow einer Multimediagruppe: Überblendungstechnik (Dia- und Filmprojektor)[58] – chinesischer Schattentanz live im Filmvorführraum – Busbahnhof Füssen – Neuschwanstein – das Dornröschenschloss in Disneyland – Bauzeichnungen von Schloss Falkenstein – Zitat aus Strindbergs *Fröken Julie* über Neuschwanstein – Wohnung am Prenzlauer Berg (man hört die Aufnahme einer Lyriklesung und eines Konzerts, die im Café am Posthorn aufgezeichnet wurde) – Film über Ost-Berliner Hinterhof – Film über S-Bahn-Fahrt und marschierende Soldaten (Unter den Linden) – Schweden (nach dem Palme-Mord).

Diese eigentümliche Kette aus konkreten Schauplätzen oder imaginierten Orten ruft den Eindruck hervor, dass die Veränderungsprozesse von Räumlichkeit und Bildlichkeit das eigentliche Thema des Essays sind. Der erste Satz entfaltet sich als wichtiger Metakommentar: »Jag förvånas över skärpan i vissa bilder.«[59] [Ich bin über die Schärfe bestimmter Bilder erstaunt.] In welcher Stadt eine Wahrnehmungs- oder Erinnerungssequenz jeweils zu verorten ist, lässt sich oft nur vermuten. Ebensowenig ist eine Hierarchie hinsichtlich der Präsenz oder Involviertheit des Betrachters feststellbar. Etwa die Hälfte der genannten Orte ist medial oder literarisch vermittelt.

Die Ost-West-Dichotomie wird mehrfach unterlaufen, sie ist nur von temporärer Bedeutung: Die Topographie samt ihrer konventionellen topologischen Semantisierungen verliert sich im Atmosphärischen und wird dabei ideologisch ausgenüchtert. Die dandyistische Pose des Reiseschriftstellers zielt auf Unvereingenommenheit ab, da dieser Versuch dokumentiert, phänomenologisch, aber

---

58   Das Bild eines Männergesichts wird überblendet von dem Bild marschierender chinesischer Soldaten. Vgl. PETRI 2004, S. 108. Bild-Vordergrund und -Hintergrund bzw. die Chronologie der Projektionen sind nicht mehr klar voneinander zu trennen.

59   Ebd., S. 105.

zugleich reflektiert wahrzunehmen und die anteiligen Perzepte in einer formalen Mimesis umzusetzen. Nicht die Route ist dominante Wahrnehmungsvorstrukturierung, wie im Itinerar vieler Reiseführer der Fall, stattdessen wird ein Flackern von Eindrücken entlang einer vagen chronologischen Erzählachse dargestellt. Dieses medial erweiterte impressionistische Verfahren sprengt die Konturen der dargestellten Räume und verunsichert konventionelle räumliche Konzeptualisierungen.

Theoriebewusst vorstrukturiert

Ulf Peter Hallberg (geb. 1953) reist mit Walter Benjamin ›im Gepäck‹, dessen Schriften er teilweise ins Schwedische übersetzt hat,[60] in die Metropolen Paris, New York und Moskau, Berlin, Prag, Wien und Budapest. Sein Essayband *Flanörens blick* [Der Blick des Flaneurs] entstand in zwei Phasen und liegt sogar in zwei verschiedenen Ausgaben (mit leicht abweichenden Titeln) aus den Jahren 1993 und 1996 vor. Die erste Ausgabe ist fragmentarischer angelegt, enthält kürzere Literaten-Interviews und ist reicher illustriert. »Dr. Benjamin«, der Flaneur, die von Kurt Schwitters entliehene Figur Anna Blume sowie weitere ästhetisch-urbanistische Akteure[61] werden als Sprachrohrfiguren für die Kommentare der Fotografien eingesetzt, so dass eine Nebenhandlung entsteht und der Erzähler die Ich-Form vermeiden kann. Zitate mit thematischem Bezug auf den Flaneur und seine Wahrnehmung, Fotos und die erwähnten, die Reise kommentierenden Sentenzen der Begleitfiguren entsprechen somit einer dreisträngigen Komposition. Das Zitatmosaik soll assoziative Verknüpfungen zwischen den Fragmenten im Sinne der Benjaminschen Passagen zwischen Texten anregen, womit einmal mehr das auch von Holm verwendete Montage-Prinzip zum Einsatz kommt, wenn auch in einer synthetisierenden und weniger konfrontierenden Absicht. Wie das Foto einer überklebten Plakatwand zeigt,[62] ist – ganz anders als bei Holm – die Verbildlichung einer archäologischen Textschichtung in der Stadt intendiert. Die Metapher der Passage entfaltet sich damit auch diachron bzw. in vertikaler Richtung durch die literarischen Sedimente hindurch. Die leitmotivisch thematisierten oder abgebildeten Eisenbahnschienen geben die materielle Route des »nostalgischen Nomaden«[63] und Stadt-Wanderers vor und variieren die Passagen in Form von kanalähnlichen Zubringern neuer Wahrnehmungseinheiten.

---

60 Hallberg übersetzte folgende Texte Benjamins: Paris, Hauptstadt des 19. Jahrhunderts; Einbahnstraße; Berliner Kindheit.
61 Weitere Begleiter sind der Historiker, der Soziologe, der Philosoph, Mister Moy und Prof. Nölpe.
62 Vgl. HALLBERG 1993, S. 73.
63 Vgl. ebd., S. 103.

Zwei Jahre nach der Wiedervereinigung antizipiert Hallberg die zukünftige deutsche Hauptstadt als »›rendez-vous-staden‹ – för mötet mellan två civilisationer«[64] [Stadt für die Begegnung zweier Zivilisationen]. Unumwunden gibt der camouflierte Ich-Erzähler zu, welche Rolle Berlin zu DDR-Zeiten für die Subjekt-Konstituierung übernommen hatte, wobei der Foucaultsche Topos von Inkludierung und Exkludierung bemüht wird:

Flanören, som framför allt utmärkte sig genom sin förmåga att uppskatta gränsen och inspärrningen (eller utestängningen), ständigt tillfrågad om han inte stötte knät i muren vid vartannat steg, är inte unik längre. Hans eufori eller skräcktillstånd gäller det muren skyddade honom mot: normaliteten.[65]

[Der Flaneur, der sich vor allem durch sein Vermögen auszeichnete, die Grenze und das Eingesperrtsein (oder Ausgesperrtsein) wertschätzen zu können, ständig mit der Frage konfrontiert, ob er sich nicht bei jedem zweiten Schritt das Knie an der Mauer stoße, ist nicht länger einzigartig. Seine Euphorie oder seine anhaltende Angst beziehen sich auf das, wovor ihn die Mauer schützte: die Normalität.]

Mit dem Fall der Mauer werden bisherige Modellbildungen für die Identitätskonstituierung in Frage gestellt, nicht zuletzt die Komponente des Außenseiterstatus im künstlerischen Selbstverständnis. Sowohl die Insel-Metapher und der ›hortus conclusus‹ als auch die Heterochronie (»Dornröschenschlaf«)[66] kommen zum Einsatz, wie sie auch aus Wendungen des früheren westdeutschen Sprachgebrauchs bekannt sind.

Den Einstieg in das Essay »Janusland« von 1996 bilden ein Benjamin-Zitat und ein Schwarz-Weiß-Foto eines Ampelmännchens – in der Geh-Position, wie es sich für den Flaneur gehört.[67] Der Fall der Mauer bringt eine riskante Öffnung mit sich, die Hallberg mit einer schauerromantischen Szenographie assoziiert: »Staden öppnade sig som en mörk grotta, löftesrik och oroande. Möjligheternas krypande klåda.«[68] [Die Stadt öffnete sich wie eine dunkle Grotte, verheißungsvoll und bedrohlich. Ein kriechender Juckreiz der Möglichkeiten.] Der beschriebene Flaneur sucht eine nostalgische Eigenwelt auf, »en kokong av förfluten tid«[69] [ein Kokon vergangener Zeit]. Hiermit wird angedeutet, dass Außen- und Innenräume Übergänge im Sinne von Passagen bilden können,[70]

64 Ebd., S. 19.
65 Ebd., S. 23.
66 Ebd., S. 46.
67 Vgl. HALLBERG 1996, S. 11.
68 Ebd., S. 15. Die Grotte erscheint variiert in der Hülle (als Metapher für die Stadt Berlin, ebd., S. 16).
69 Ebd., S. 15.
70 Im letzten Drittel des Essays wird neben Text- und Bildräumen auch der Cyberspace berücksichtigt (vgl. ebd., S. 36).

wobei sich der Innenraum als bildmächtiger erweist.[71] Mythologische Motive treten hinzu: »Oranienburger Strasse fläker ut sig som en ringlande, lysten
orm.«[72] [Die Oranienburger Straße streckte sich wie eine sich windende, wolllüstige Schlange.] Die wiedervereinigte Stadt ist »aufgelöst, ungezügelt, unüberschaubar«.[73] Es fehlt das bisher alles beherrschende Ordnungselement, nämlich
»›die‹ Grenze schlechthin«,[74] die vormals polare Raumaufteilungen und stabile
Dichotomien begründete.

Der sich selbst als Flaneur bezeichnende Hallberg führt mit dem ostdeutschen Autor Reinhard Jirgl ein Gespräch, der die DDR-Zeit als Ära des Totenreichs begreift.[75] Ein Abrisshaus mit freiliegenden Kellergängen wird wie folgt
beschrieben: »De liknar oändliga gravvalv som ser ut att sträcka sig under hela
Berlin.«[76] [Sie gleichen unendlichen Grabgewölben, die sich unter ganz Berlin
auszudehnen scheinen.] Es gebe ein heimliches Gangsystem unter der sichtbaren, zugänglichen Oberfläche der Stadt und einen sprichwörtlich doppelten Boden im archäologisch inspirierten Raumkonzept. Indem Jirgl die erlittene Demütigung zu DDR-Zeiten erörtert und in diese Rückschau seine Studien von
Foucaults Schriften miteinbezieht, holt mit diesem letzten Textbeispiel die Primärliteratur das methodische Inventar meiner Untersuchung ein.[77]

Resümee

Systematisiert man die verwendeten räumlichen Konzepte, was ich abschließend
unter Hinzuziehung auch einiger nicht eingehender analysierten Texte versuchen werde, lassen sich folgende Kategorien bilden. Die *Heterotopie* des Totenreichs oder Friedhofs ergibt sich bei Hallberg erst aus der Rückschau und wird
in einer Personifikation des Regimes als Leiche oder Mumie weitergeführt.[78]
Ironischerweise ist dieser Topos – ideologieübergreifend – mit dem Ursprungsmythos der DDR gut vereinbar (»en ny stat föds« [ein neuer Staat wird geboren]).[79] Vor der Wende beschreibt der Reisejournalist Clas Thor Ost-Berlin zum
einen als »Heterochronie«, da hier die Zeit seit dem Mauerbau stehengeblieben

71   Ebd., S. 16.
72   Ebd.
73   Vgl. ebd.
74   Kaschuba 2005, S. 237.
75   Vgl. Hallberg 1996, S. 18f. u. 22 sowie Hallberg 1993, S. 34. Mit der Autorin Irina Liebmann passiert der Flaneur einen weiteren Friedhof, den jüdischen (vgl. ebd., S. 26).
76   Hallberg 1996, S. 24.
77   Siehe auch Hallberg 1993, S. 34.
78   Hallberg 1996 u. Hallberg 1990, S. 3.
79   Arvidson 1984, S. 25.

sei.[80] Zum anderen macht er anschaulich, dass der realsozialistische Alltagsraum den Ost-Berlinern selbst als triviale »Homotopie« eines sinnentleerten, erstarrten bürokratischen Regimes erscheinen muss, in der allein die Schrebergartenkolonien noch positive Enklaven bilden.[81] Thor spricht den beiden Stadthälften Spiegelbildcharakter zu und vermerkt äquivalente Orte hinsichtlich der Sehenswürdigkeiten und Freizeitangebote, um so die gängige Ost-West-Dichotomie zu unterlaufen.[82] Beim Einsatz *metonymischer Verfahren* ist augenfällig, dass keiner der Texte einen städtischen Platz oder ein Merkzeichen stellvertretend für ein gemeinsames oder ›vervollständigtes‹ Berlin entwickelt. Der Potsdamer Platz repräsentiert das Berlin der Zwischenkriegszeit, der Kurfürstendamm das konsumorientierte West-Berlin der Nachkriegszeit, wodurch die monumentale Aufladung des zentralen Platzes der »Hauptstadt der DDR«, des Alexanderplatzes, umso deutlicher hervortritt.[83]

Räumliche Bereiche konstituieren sich durch *Grenzen*, die für sich genommen bereits ein eigenes Raumkonzept begründen. Zwischen den beiden Polen ›Mauer mit Todesstreifen‹ und ›antifaschistischer Schutzwall‹ gibt es ein breites Spektrum an Entwürfen. Hans Krook spricht etwa von der Teilung als einem grob ausgeführten Operationsschnitt, der eine »monumentale Narbe« hinterließ.[84] Die Journalistin Gitte Lauströer[85] distanziert sich z. B. vom CDU-Vokabular »Schandmauer« und dadurch ansatzweise von einer westdeutschen Perspektive.[86] Sie betont die metaphorische Offenheit Berlins (Pluralismus, Toleranz) angesichts der topographischen Geschlossenheit. Stellan Arvidson (1902–97), Vorsitzender des Freundschaftsvereins *Förbundet Sverige – DDR* und Sozialdemokrat, rechtfertigt die Mauer, ohne die offizielle DDR-Bezeichnung direkt zu übernehmen.[87] Dennoch wird die Offenheit nach Westen von ihm als be-

---

80 THOR 1987, S. 39.
81 Ebd., S. 15.
82 Vgl. ebd., S. 39.
83 Mit seiner Weltzeituhr scheint sich dieser Platz skulptural und symbolisch über die territorialen Grenzen eines scharf konturierten ›Ostblocks‹ hinwegzusetzen.
84 Vgl. KROOK 1980, S. 49.
85 Die finnlandschwedische Journalistin Lauströer ist Berlin-Korrespondentin von *Hufvudstadsbladet* und bis heute als Kulturvermittlerin zwischen Helsingfors und Berlin tätig (z. B. an wechselseitigen Ausstellungsprojekten beteiligt).
86 Vgl. LAUSTRÖER 1983, S. 60.
87 Arvidson bemüht sich um eine betont nüchterne Darstellung der Mauer, die er als ein Konsolidierungsbauwerk nach der schwierigen Pionierphase der DDR verstanden wissen will: »Ser man kallt på murens tillkomst [...] är det bara att konstatera att muren är en del av den gränskontroll som DDR och varje socialistisk stat måste ha för att skydda sig mot obehöriga ingripanden från den kapitalistiska världen. [...] Genom avspärrning, menar man i DDR, avvärjdes alltså ett europeiskt krig. Och man tillägger: utan muren skulle varken de betydelsefulla fördragen mellan öst och väst eller Helsingforskonferensen om fred och säkerhet i Europa ha varit möjliga. För det andra upphörde vid murens tillkomst värvningen av utbildad arbetskraft från

drohlich dargeboten (»infallsport« [Einfallstor]) und die Konnotation Schutz auf diese Weise mit anderen Mitteln erzeugt. Der kühle Blick, den Arvidson einfordert, rechtfertigt ihm zufolge die Umwandlung einer riskanten, offenen Grenze zu einer sicheren, konventionellen Staatsgrenze. Der schwedische Vorschlag einer kernwaffenfreien Zone entlang der Grenze zwischen DDR und BRD[88] unterstreicht laut Arvidson ebenfalls die friedliche Funktion dieser Staatsgrenze.

Der gleichen Ansicht ist der Kommunist Frithjof Lager (1905–73), der angeblich in Schweden verbreiteten Auffassung widersprechend, die Grenze sei eine Gefängnismauer. Stattdessen verteidige sie die Existenz der DDR-Bürger.[89] Lager nennt den ostdeutschen Staat 1968 konsequent TDR (»Tyska demokratiska republiken«), wie um die Anerkennung der DDR von schwedischer Seite vorwegzunehmen.

In *Berlin genom två* [Berlin durch zwei] macht Millroth[90] aus der Not eine Tugend und postuliert, dass sich Ost- und West zu einer emergenten Einheit fügten. Der Grenze ist, folgt man Millroths Darstellung, daher die Macht der Synthese zu eigen, sie bildet eine Naht zwischen semantisch reichen Gebieten. Der Autor vermerkt sogar, dass sein »Protagonist die Mauer sei«, d. h. er wählt – sympathetisch – eine literarisch fundierte Personifikation für die Grenze.[91] Um das Unbekannte auf Vertrautes zurückzuführen, werden *Vergleiche* mit anderen Orten oder Städten bemüht: Gudmundson beschreibt 1974 die Satellitenstadt Schwedt in der DDR als eine Kombination aus Klondyke und Skärholmen,[92] wobei auffällig ist, dass diese beiden Orte eher dem damaligen schwedischen, medialisierten Bildinventar zuzurechnen sind als der eigenen Anschauung. Die Bewertung Schwedts geht somit nicht aus einem lokalspezifischen, sondern einem allgemeinen Raumkonzept hervor: ein wuchernder Betonvorort, der das menschliche Maß missachte. Dieser Bildbruch ermöglicht die Projektion eines kapitalistischen Booms auf die sozialistische Marktwirtschaft und hat damit einen kritisch-ironischen Effekt.

Städtevergleiche sind infolge ihrer Loslösung von der lokalen Topographie

---

Västtyskland (forskare, tekniker, lärare, specialarbetare) från DDR, och de olagliga valutatransaktioner som skett över den öppna gränsen och hotade att undergräva DDR:s ekonomi fick ett slut.« (ARVIDSON 1984, S. 33). Der überzeugte Marxist war von 1957-68 Parlamentsabgeordneter der Sozialdemokratischen Partei. Ähnlich wie Swartz referiert und zitiert Arvidson die DDR-Behörden, um hiermit eine ›neutrale Distanz‹ zu signalisieren.

88 Vgl. ARVIDSON 1984, S. 110.
89 Vgl. LAGER 1968, S. 7. Lager gehörte zur Führung von *Vänsterpartiet Kommunisterna*, veröffentlichte in der Zeitung *Ny Dag* und war Gründungs- und Vorstandsmitglied von *Föreningen för förbindelser med Tyska Demokratiska Republiken.*
90 Zu Millroths kulturell-politischem Engagement für die DDR siehe HERRMANN, S. 81–97.
91 Vgl. MILLROTH 1982, S. 8.
92 Vgl. GUDMUNDSON 1974, S. 47. Skärholmen wurde Ende der 1960er Jahre fertiggestellt und war einer der besonders umstrittenen, in der Tagespresse attackierten Stockholmer Vororte.

politisch systemübergreifend anwendbar, wie die Analogführung vom Stadtteil Prenzlauer Berg mit der New Yorker Bronx zeigt.[93] Ein von Thor zitierter West-Berliner vergleicht Ost-Berlin mit Anatolien, weil beide Gebiete in der *mental map* des Migranten gleich weit entfernt schienen und Orte der Sehnsucht im Sinne einer unerreichbaren Utopie darstellten.[94] Die Heterotopie erscheint hier exotistisch überhöht.

Eine Enträumlichungstendenz entsteht gegebenenfalls auch durch Text- oder Lektürehaltigkeit bestimmter Räume, die deren Semantisierung beeinflussen. Charpentier, Thor, Millroth und Hallberg wählen ihre Routen nach literarischen Faktoren, lesen die Texte in die Räume hinein und umgekehrt. Literarische Reminiszenzen suggerieren eine die Ost-West-Polarisierung überdauernde Tradition (z. B. Alfred Döblin und Christoph Isherwood bei Charpentier).

Die Vorstellung eines Raumes, der in Form eines Glücksversprechens die Realisierung einer Utopie verheißt, entsteht infolge einer charakteristischen Wahrnehmungsvorstrukturierung derjenigen schwedischen Verfasser, die der DDR wohlwollend gegenüberstanden. Die offizielle Ablehnung der Utopie und des sog. Idealismus im ›real existierenden Sozialismus‹ beeinträchtigte den Optimismus Millroths oder das Interesse Charpentiers offensichtlich nicht. Ebensowenig bedeuteten die unüberwindbaren Raumgrenzen ein Hindernis – seit Morus' *Utopia* (1516) ist bekannt, dass sich abgeschlossene Areale, Inseln in Raum und Zeit, für die imaginäre Umsetzung sozialer Utopien sogar besonders eignen. Hallberg spricht bezugnehmend auf den selbstgewählten Außenseiterstandpunkt selbstkritisch von »ett slags lyckans ostkupa över tillvaron«, (ein doppeldeutiger Ausdruck: »einer Art Käseglocke des Glücks über dem Dasein« / »einer Isolation des Glückspilzes«).[95] Hiermit wird die Heterotopie als repressiv und zugleich illuminierend bestimmt. Das utopische Raumkonzept stützt eine Ästhetisierung der Wahrnehmung, die nicht zwingend mit einer Entpolitisierung einhergeht. Allerdings ist auffällig, dass sich in den ausgewählten Texten kaum Reaktionen auf die Krisenpolitik der DDR zeigen, die mit der Biermann-Ausweisung 1976 einsetzte und mit den Aktionen der Protestbewegungen 1980-83 kulminierte.

Auf der Suche nach von schwedischen Verfassern entwickelten, lokalspezifisch ostdeutschen Raumkonzepten bin ich nicht etwa bei den Heterotopien fündig geworden, die mehrheitlich durch gängige Orientierungsmetaphern und universale Raumsemantisierungen gekennzeichnet sind,[96] sondern vielmehr bei

---

93 Vgl. THOR 1987, S. 183. »Prenzlauer Berg – Berlins Bronx?« Der Vergleich stammt allerdings von zitierten Bewohnern des Stadtteil Prenzlauer Berg, die den Heterotopie-Charakter hervorheben möchten und daher freimütig ein Merkmal einer ›westlichen Boheme‹ aufgreifen.

94 Vgl. THOR 1987, S. 210. Siehe auch HALLBERG 1993, S. 26: Freunde des Flaneurs aus Ost-Berlin bezeichnen den Berliner Tiergarten in West-Berlin als Afrika.

95 HALLBERG 1996, S. 20 sowie HALLBERG 1993, S. 35.

96 Die spezifische Codierung entsteht im jeweiligen situativen Kontext und aufgrund bestimmter

den texträumlichen Konzepten. Holms dokumentarische und ethnographische
Reportage sticht in ihrer Vielstimmigkeit heraus, Rundbergs Auftragspropagan-
da dagegen in ihrer monumentalen Einstimmigkeit. Charpentiers Tagebuchauf-
zeichnungen signalisieren vor allem Selbsterkundung. Die ›spatial form‹ bei Hallberg ist durch die Stationen und Gespräche des Flaneurs vorgegeben und mithin
durch subjektive und intertextuell motivierte Passagen. Petris Bilderkette führt
die Unzuverlässigkeit von erinnerten Räumlichkeiten und visuellen Eindrücken
vor. Sowohl gegenwärtige Perzepte als auch länger zurückliegende Erinnerun-
gen erweisen sich retrospektiv als imaginäre Konstrukte. In ihrer Hervorhebung
der Historizität räumlicher Konzepte belegen die Textbeispiele Petris und Hallbergs, dass die Infragestellung dichotomischer Raumkonzepte in der schwedischen Auseinandersetzung mit Ost-Berlin und der DDR bereits kurz vor der
Raumrevolution 1989 einsetzte. Die Heterotopie erweist sich als zeitweilig do-
minierende und bis heute virulente Konzeptualisierung, die die Begrenzungen
und Bedeutungsaufladungen unterschiedlicher Zonen weiterführt und variiert.

Primärliteratur:

ANDERSSON, Christoph 1992: Reportage från ett enat Tyskland, Stockholm 1992.

ARVIDSON, Stellan (i samarbete med Britta Stenholm) 1984: DDR grannland,
    Stockholm.

ARVIDSON, Stellan 1978: DDR, Stockholm.

BENGTSSON, Raimond 1981: På väg mot det kommunistiska samhället. Östtyska
    arbetare om utvecklingen i DDR, Stockholm.

CHARPENTIER, Carl-Johan 1983: Frihetens enklav. Dagar i Berlin, Gävle.

FALK, Maria 1990: DDR – en stat ger upp, Stockholm.

GUDMUNDSON, Ulf (text) / Hasse SJÖBERG (bild) 1974: Ett nytt Tyskland. Re-
    portage från dagens DDR, Stockholm.

HALLBERG, Ulf Peter 1993: Flanörens blick, Stockholm.

HALLBERG, Ulf Peter 1993: Förhoppningar är ett fördärv, in: Flanörens blick,
    Stockholm, 33–38.

HALLBERG, Ulf Peter 1996: Janusland, in: Flanörens blick. En europeisk färglära.
    Stockholm, 11–46.

HALLBERG, Ulf Peter 1990: Ur askan i elden. DDR: utplåningens väg, in: Ders.
    (Hg.): Gränsfall. Texter från DDR, Stockholm/Stehag, 1–4.

HOLM, Hans Axel 1969: Rapport från Neustadt, DDR. En exempelsamling,
    Stockholm.

kultureller Praktiken. Das Lokalspezifische entspricht damit der subjektiven ideologischen Semantisierung *konventioneller* Raumkonzepte unter Berufung auf das individuelle und kollektive
kulturelle Wissen.

HOLM, Hans Axel 1970: Bericht aus einer Stadt in der DDR, München.
HOLMER, Per 1980: En nedstigning i helvetet Berlin, in: Aftonbladet, 11.11.1983.
HÄGGLÖFF, Gunnar 1981: Det andra Europa, Stockholm.
JÄRTELIUS, Arne 1987: Honeckers DDR, Stockholm.
KROOK, Hans 1980: Berlin, Stockholm.
LAGER, Fritjof 1968: Berlinmuren, Staffanstorp.
LAUSTRÖER, Gitte 1983: Berlin. Öppen stad, Helsingfors.
MILLROTH, Thomas (text) / Hanns KARLEWSKI (bild) 1982: Berlin genom två.
    Bilder från Kreuzberg i Västberlin och Prenzlauer Berg i Östberlin, Stock-
    holm.
PETRI, Kristian 2004: Tyska bilder [1986], in: Ders.: Kartboken. Artiklar i urval
    1985–2003, Stockholm, 105–112.
RUNDBERG, Arvid 1987: Mitt Berlin, Stockholm.
SCHENKMANIS, Ulf 1989: Se Östtyskland. En reseguide, Stockholm.
SJÖBOHM, Anders 1982: Resa i DDR, in: Göteborgs Tidning, 7.5.1982, 9.5.1982,
    11.5.1982.
SWARTZ, Richard 1974: DDR – en stat växer fram, Stockholm.
THOR, Clas 1987: Berlin, Berlin, Stockholm.
ÖSTBYE, Gunlaug 1986: Brännpunkt Berlin, Stockholm.

Sekundärliteratur:

ALMGREN, Birgitta 2005 a: Die DDR – ›Vorbild‹ oder ›Gespenst‹? Vortrag auf
    der Konferenz des Projekts Kontakt och konflikt, Stockholm / Stallmästargår-
    den 8.9.2005.
ALMGREN, Birgitta 2005 b: Die Ostsee – Meer des Friedens und der Sicher-
    heit? Zu Rhetorik und Denkmustern in deutsch-schwedischen Beziehungen,
    in: Hartmann, Regina (Hg.): Literaturen des Ostseeraums in interkulturellen
    Prozessen, Bielefeld, S. 13–24.
ALMGREN, Birgitta: Die DDR – erschreckende Diktatur oder alternatives Ge-
    sellschaftsmodell? (Arbeitstitel, in Vorb.).
BRYLLA, Charlotta 2006 a: Sozialistische Utopie oder bedrohlicher Oststaat? Das
    DDR-Bild im öffentlichen schwedischen Diskurs 1961–89; Vortrag gehalten
    13.07.06 am Nordeuropa-Institut der Humboldt-Universität zu Berlin.
BRYLLA, Charlotta 2006 b: Storebror i Berlin, in: Dagens Nyheter, 01.08.06.
FOUCAULT, Michel 1990: Andere Räume [1967], in: Barck, Karlheinz et al.
    (Hg.): Aisthesis, Leipzig, 34–46.
HERRMANN, Tilo 2006: Kultur als Politikum. Zur Vermittlung von Kultur aus
    der DDR in Schweden um 1970, Berlin [unveröffentl. Magisterarbeit].

KASCHUBA, Wolfgang 2004: Die Überwindung der Distanz, Frankfurt a. M.

LAKOFF, George u. Mark JOHNSSON 1980: Metaphors We Live By, Chicago /
London.

LINDEROTH, Andreas 2002: Kampen för erkännande, Lund.

MILLER, Joseph Hilles 1995: Topographies, Stanford.

MUTH, Ingrid 2001: Die DDR-Außenpolitik 1949–1972. Inhalte, Strukturen,
Mechanismen, Berlin.

SCHLÖGEL, Karl 2003: Im Raume lesen wir die Zeit. Über Zivilisationsgeschich-
te und Geopolitik, München.

SCHOLZ, Michael 2000: Skandinavische Erfahrungen erwünscht? Nachexil und
Remigration: die ehemaligen KPD-Emigranten in Skandinavien und ihr wei-
teres Schicksal in der SBZ / DDR, Stuttgart.

TURNBULL, Douglas 1989: Maps are Territories. Science is an Atlas, Chicago.

WEIGEL, Sigrid 2002: Zum ›topographical turn‹. Kartographie, Topographie und
Raumkonzepte in den Kulturwissenschaften, in: Kulturpoetik. Zeitschrift für
kulturgeschichtliche Literaturwissenschaft, 2, 151–165.

Benedikt Jager

Selige Fremde oder Parteilichkeit

DDR-Reisende in Skandinavien

> Die Schwedenfähre. Man sah sie immer auf dem Meer hin- und herfahren, ganz lang-
> sam, beharrlich am Horizont entlang, scheinbar parallel zum Ufer. Und jeden Sommer
> saß meine Mutter mit mir am Strand und schaute auf das weiße Schiff in der Ferne.
> [...] Meine Mutter küsste mich und flüsterte mir ins Ohr, ich verspreche dir, eines
> Tages werden wir mit dieser Fähre fahren, du und ich, auf die andere Seite der Ostsee.
> Ganz sicher.[1]

Skandinavien und besonders Schweden, wegen der direkten Fährverbindung,
haben im Gefühlshaushalt vieler DDR-Bürger eine wichtige Rolle eingenom-
men. Hier konnte das Ferne und Unerreichbare so nah sein. Für die Autorin
des einführenden Zitates, Claudia Rusch, ging die Erfahrung der Unmöglich-
keit, die in der DDR Beschränkung der Reisefreiheit hieß, noch tiefer, da sie
ihre Kindheit im direkten Umkreis des Regimekritikers Robert Havemann ver-
brachte, dessen Freizügigkeit durch jahrelangen Hausarrest bis zum Äußersten
beschnitten wurde. Diese Gemeinplätze zur DDR lassen den Konnex von Diktatur und Reiseliteratur kaum möglich erscheinen. Wie kann ein Land, in dem
Literatur bzw. die Publikation derselben staatlichen Planvorgaben unterliegt, die
Produktion von Literatur fördern, die ein in die Grundfesten des Systems einze-
mentiertes Tabu berührt?

Wie so häufig ist das Gesamtbild sehr viel nuancenreicher als zuerst angenom-
men. Natürlich gab es und sollte es Reiseberichte über die Sowjetunion und die
anderen sozialistischen Bruderstaaten geben. In ähnlicher Weise waren Reisen in
Länder der dritten Welt legitimiert, da man meinte, anhand dieser Länder den
Befreiungskampf ehemals oder weiterhin imperialistisch unterdrückter Staaten
beobachten zu können. Doch auch das NSW (nichtsozialistische Wirtschaftsgebiet) wurde von DDR-Bürgern besonders zu Zeiten der sog. friedlichen Ko-
existenz bereist und Berichte dieser Reisen in DDR-Verlagen und Literaturzeitschriften publiziert.[2] Jedoch unterscheiden sich die Produktionsbedingungen für

---

1 Claudia Rusch: Meine freie deutsche Jugend, Frankfurt a. M., ⁴2003, S. 10.
2 Vgl. dazu die Bibliographie bei Barabara Zwirner: »Besseres Land – schönere Welt«. Sozialistischer Patriotismus und Welterfahrung in der Reiseliteratur der DDR nach dem VIII. Partei-
   tag der SED 1971, Berlin 1986, die für den Zeitraum 1971–1985 13 Titel verzeichnet. Birgit
   Kawohl hat für den Zeitraum 1962–1988 ermittelt, dass ungefähr 1/6 aller Reisetexte Begegnungen mit dem Nichtsozialistischen Wirtschaftsgebiet schildern. Siehe auch Birgit Kawohl:
   Besser als hier ist es überall. Reisen im Spiegel der DDR-Literatur, Marburg 1998, S. 22.

diese Texte von denen westlicher Reiseschriftsteller mehr als deutlich, da ihre Autoren als äußerst privilegiert angesehen werden müssen. Aufgrund verschiedener Faktoren wurde ihnen der Sprung über die Mauer oder die Ostsee ermöglicht, wobei die staatliche Motivation in verschiedene Richtungen weisen kann: Belohnung der Linientreuen, Gewährung von Privilegien, um Kritik zum Verstummen zu bringen, die Hoffnung, die Reisenden würden auf die Rückkehr verzichten.

Aus diesem Grund einige Worte zu praktischen Dingen, die sowohl den hier im Zentrum der Aufmerksamkeit stehenden Titel als auch die Reihe, in der er im Verlag *Volk und Welt* erschien, betreffen. *Nebenan zu Gast. Reiseerlebnisse in Finnland, Schweden, Norwegen* fußt auf einer viermonatigen Reise von Lothar Reher und Walter Großpietsch im Sommer 1960 durch die drei skandinavischen Länder. Das fertige Buch erschien 1962, und anhand der Anzahl der Nachauflagen (vier Nachauflagen bis 1970)[3] kann geschlossen werden, dass der Titel sich großer Popularität erfreute und als wichtig eingestuft wurde. Es ist bekannt, dass der Papiermangel der DDR-Wirtschaft gezielt eingesetzt wurde, um Publikationen zu verhindern oder in so geringen Stückzahlen in den Buchmarkt einfließen zu lassen, dass sie de facto nicht existierten.[4] Daher führten die Bild-Text-Bände zu Problemen, da sie in mehrfacher Hinsicht kostenintensiv waren. *Nebenan an zu Gast* enthält 185 Fotografien auf Hochglanzpapier von Lothar Reher, davon 24 Farbfotografien, die nicht nur die Texte illustrieren, sondern auch selbständig wirken. Die mit der Literaturlenkung beauftragten Gremien der DDR griffen kurz nach dem Skandinavien Band massiv in die Planung eines Bild-Text-Bandes über Indien ein, da dieser ein Viertel des Gesamthaushalts des Verlages Volk und Welt verschlungen hätte.[5] Denn zu den Druckkosten kamen selbstredend die fürs Reisen nötigen Devisen hinzu, wodurch die Projekte den Verlag doppelt belasteten. Schon auf Grund dieser Probleme ergaben sich für die Reisenden wenig Möglichkeiten, sich dem westlichen Luxus und Glamour hinzugeben, von ideologischen Vorlieben oder Vorgaben ganz abgesehen.

Betrachtet man die Reiseroute der beiden ostdeutschen ›Nordlandfahrer‹, unterscheidet sich diese auf den ersten Blick kaum von anderen Skandinavien Rundreisen. Von Rostock mit der Fähre nach Helsinki, von dort eine Rundtour nach Westfinnland (Turku, Pori), um dann durch das Innland nach Norden (Oulu, Rovaniemi, Inari) ans Nordkap zu reisen. Darauf folgen sie der Küste

---

3 Die Auflagenhöhe konnte nicht ermittelt werden. Zudem bleibt unklar, warum nach 1970 keine weiteren Auflagen erschienen.

4 Siehe Erich Loest: Der vierte Zensor. Der Roman »Es geht seinen Gang« und die Dunkelmänner, Stuttgart 2003.

5 Roland Links: Bild-Text-Bände bei knappen Devisen, in: Fenster zur Welt. Eine Geschichte des DDR-Verlages Volk & Welt, hg. von Simone Barck und Siegfried Lokatis, Berlin 2003. S. 207–211, S. 208.

südwärts (Hammerfest, Tromsø, Trondheim) und wenden sich dann das norwegische Westland auslassend nach Oslo. Der nächste Stopp ist Stockholm, bevor sich die beiden Reisenden erneut nach Norden wenden und Kiruna besuchen. Diese erneute Schleife in den hohen Norden ist sicherlich ideologischen Vorgaben geschuldet, denn Kiruna mit seinen Eisenerzgruben stellt den am stärksten schwerindustriell geprägten Ort Skandinaviens dar. Da die DDR nach russischem Vorbild besonders auf den Aufbau der Schwerindustrie setzte, stellt Kiruna als Reiseziel eine natürliche Wahl dar, die durch die Beschreibung mehrerer Besuche von Fabrikationsstätten[6] vorbereitet ist. Schon aus der Reiseroute lassen sich somit Spannungen herauslesen, die die Austarierung von Eigenem und Fremdem betreffen, wobei Kiruna in Relation zu den eigenen Erfahrungen und Interessen gesehen werden muss.

Das Zusammenspiel zwischen eingeschränkter Reisefreiheit und grundlegenden Konstanten der Gattung Reisebericht geben Anlass zu spannenden Überlegungen, die das Verhältnis Staat – Literatur – Leser beleuchten. Hierbei ist sicherlich zu beachten, dass die beschriebene Reise und das Datum der Publikation vor bzw. nach dem entscheidenden Ereignis – dem Bau der Mauer – liegen. Dieser verschärfte Mangel an Freizügigkeit müsste dem Text, natürlich nur unterirdisch, da die Mauer als Reisehindernis im offiziellen Diskurs der DDR nicht thematisiert werden konnte, eingeschrieben sein. Denn die spontane Reaktion auf die hier verhandelte Fragestellung, dass diese Gattung sich leicht in paradoxen Fragestellungen verfangen könnte, die kontraproduktiven Einfluss auf das sozialistische Projekt zeitigten, ist durchaus gerechtfertigt.

Kreis oder Spirale? – Gattungstheoretische Überlegungen

Seit der Zunahme des Massentourismus und der medialen Verfügbarkeit fremder Länder ist sehr häufig geunkt worden, der Reisebericht sei eine aussterbende Gattung. Von der besonderen Situation der DDR ausgehend könnte man daher annehmen, dass der Reisebericht eine blühende Gattung gewesen ist, die sich großer Beliebtheit erfreute. Statt physischer Reisen, kompensatorische Reisen im Kopf. Empirische Untersuchungen der 1970er Jahre bestätigen letzteres.[7] Jedoch fällt die Produktion von Reisebüchern und besonders die literaturwissenschaftliche Auseinandersetzung mit dem Phänomen eher mager aus, wofür unterschiedliche Gründe angeführt werden können. Zuerst sind literaturtheore-

---

6 Vgl. besonders die Kapitel »Zwischen tausend Seen« (S. 20–27) und »Rotes Kemi« (S.32–37). Zitiert wird nach: Walter Großpietsch, Lothar Reher, Gisela Steineckert: Nebenan zu Gast, Berlin 1962. Alle weiteren Nachweise im laufenden Text in Klammern unter der Sigle NzG.

7 Heinz Härtl: Entwicklung und Traditionen der sozialistischen Reiseliteratur, in: Günter Hartung (Hg. et al.): Erworbene Tradition. Studien zu Werken der sozialistischen deutschen Literatur, Berlin 1977, S. 299.

tische Präferenzen der DDR-Literatur hervorzuheben, die mit Georg Lukács in
Zusammenhang stehen. Lukács hatte in mehreren Publikationen während der
1930er Jahre einen rigiden Trennungsstrich zwischen Roman und Reportage
gezogen, wobei er letzterer die Möglichkeit der künstlerischen Gestaltung von
Wirklichkeit absprach und sie so dem Pol der Wissenschaftlichkeit zurechne-
te, »die zwar einen Wirklichkeitsausschnitt auch ohne Einsicht in gesellschaftliche Zusammenhänge überzeugend darzustellen vermöge, aber nicht diese.«[8]
Nur der künstlerischen Gestaltung des Romans ist es vorbehalten, die Wieder-
gabe von gesellschaftlicher Totalität zu erreichen.[9] Dieses Verdikt hat, selbst als
Lukács nach dem Ungarn-Aufstand 1956 zur ›persona non grata‹ mutierte, sicherlich die Entwicklung des Reiseberichtes gehemmt, da es eine vorbildliche
Periode – die Reisereportagen der Weimarer Zeit – überschattete. Die zweite
Inspirationsquelle für den Reisebericht der DDR, die gerne durch den Namen
Seume und seinen *Spaziergang nach Syrakus* verkürzend benannt wird, wird von
der Literaturwissenschaft zwar in Ehren gehalten, scheint aber für die literarische Praxis kaum von Bedeutung gewesen zu sein. Diese zwielichtige Stellung
gekoppelt an die Forderungen des sozialistischen Realismus und die Erbeproblematik[10] können begründen, dass Peter J. Brenner feststellt, dass die Reiseliteratur der DDR als wenig innovativ zu bezeichnen ist.[11] Diese sicherlich richtigen
Beobachtungen können allerdings durch weitere Kontexte ergänzt werden, die
ebenfalls dazu beitragen, den DDR-Reisebericht in aporetische Konstellationen
zu manövrieren. Schon im Thema des Erbes scheint erneut die Opposition von
Eigenem und Fremdem auf, die für den Reisebericht in zweifacher Hinsicht
virulent bleibt. Zum einen soll dieser Gegensatz ideologisch und zum anderen
gattungstheoretisch kontextualisiert werden.

Das Selbstverständnis der DDR in der Welt lässt sich mit dem Schlagwort ›Sozialistischer Patriotismus und proletarischer Internationalismus‹ umreißen. Wie
so häufig in der DDR kam der Literatur bei der Durchsetzung dieser Begriffe eine herausragende Stellung zu: »Sie [die literarischen Werke, B. J.] vermitteln auf
ihre besondere Weise eine Gewissheit, daß sozialistische staatsbürgerliche Gesinnung heute nicht allein Liebe und Treue zu einem sozialistischen Vaterland
bedeutet, sondern auch Zugehörigkeitsgefühl und Verantwortungsbewußtsein
für den gesamten revolutionären Weltprozeß mit der Sowjetunion an der Spit-

---

8   Ebd., S. 318.
9   Vgl. Barbara Zwirner »Besseres Land – schönere Welt« [Anm. 2], S. 41–43 und Heinz Härtl:
    Entwicklung und Traditionen der sozialistischen Reiseliteratur [Anm. 7], S. 317–320.
10 Zur Erbeproblematik siehe: Claus Träger: Studien zur Erbetheorie und Erbeaneignung, Frank-
    furt a. M. 1982 und Klaus Dautel: Zur Theorie des literarischen Erbes in der »entwickelten so-
    zialistischen Gesellschaft« der DDR: Rezeptionsvorgabe und Identitätsangebot, Stuttgart 1980.
11 Vgl. Peter J. Brenner: Der Reisebericht in der deutschen Literatur. Ein Forschungsüberblick
    als Vorstufe einer Gattungsgeschichte, Tübingen 1990, S. 648.

ze einschließt.«[12] Der Gegensatz wird dabei als dialektische Einheit verstanden, so dass DDR-Bürger »patriotisch sein können [...], wenn sie konsequent internationalistisch sind, internationalistisch wiederum nur, wenn sie die nationalen Ziele den Interessen des revolutionären Weltprozesses unterordnen.«[13] Es stellt sich nun die Frage, ob sozialistischer Patriotismus mit dem Eigenen und proletarischer Internationalismus mit dem Fremden gleichgesetzt werden können. Des weiteren muss erörtert werden, ob die Gegensätze absolute sind, oder ob sie nur in einer zeitlichen Perspektive als Opposition gesehen werden können, während ihr Anfangs- oder Endpunkt in einer Verschmelzung der beiden Begriffe besteht. In Bezug auf Reiseliteratur kann dies an folgendem Zitat verhandelt werden: »Es ist das Ausgehen vom sozialistischen Standpunkt, das Unterwegssein mit parteilicher Haltung und das Ankommen auf dem erweiterten, gefestigten sozialistischen Standpunkt.«[14] Das zyklische Moment dieser Bewegung ist mehr als deutlich, und da von erweitertem Standpunkt gesprochen wird, ist sicherlich die Spirale das adäquatere Beschreibungsmodell als der Kreis. Dadurch ergibt sich die problematische Konstellation, dass der Pol der Fremde seine Eigenwertigkeit einbüßt und nur als Nahrung für die Maschinerie des Eigenen verstanden werden kann. Der kritische Einwand, dass die kommunistische Dialektik eben gerade so funktionierte und die restlose Auflösung der Fremdheit zum Ziel habe und daher dieses Verständnis vom Reisen friktionsfrei in den ideologischen Rahmen hineingleite, muss berücksichtigt werden. Allerdings wird die irreduzible Kraft der Negativität, der Motor der Hegelschen Dialektik, hier durch sein krasses Gegenteil nämlich Parteilichkeit ersetzt, weshalb die Frage, ob das zyklische Modell an der Spirale oder dem Kreis orientiert ist, erneut eröffnet werden muss.

Um diese Fragestellung besser profilieren zu können, sei auf einen anderen Zugang zum Oppositionspaar Eigenes und Fremdes zurückgegriffen, die philosophische Anthropologie von Helmuth Plessner, der in seinen Arbeiten diese Opposition in immer neuen Konstellationen (Mensch – Tier; Welt – Umwelt; Lachen – Weinen usw.) behandelt. Plessners Axiome umkreisen die von ihm postulierte exzentrische Positionalität des Menschen, der im Gegensatz zum Tier nicht instinkthaft in der Mitte der eigenen Welt lebt. Das Tier ist durch Spezialisierung seiner Umwelt angepasst, während der Mensch gerade durch seinen geringen Spezialisierungsgrad (im biologischen Sinne) Weltoffenheit erlangt: »Der

12   Elisabeth Simons: Sozialistischer Patriotismus und proletarischer Internationalismus in der neuen Prosaliteratur der DDR, in: Weimarer Beiträge, 11/1973, S. 10.

13   Günter Kosche: Über den Beitrag des Geschichtsunterrichts in der 7. Klasse zur Vermittlung der marxistisch leninistischen Theorie von der Nation und der nationalen Frage und die Bedeutung ihrer Aneignung für die Erziehung zum sozialistischen Patriotismus, Rostock 1974. Zitiert nach Zwirner: »Besseres Land – schönere Welt« [Anm. 2], S. 32.

14   Max Walter Schulz: Welthaltigkeit – literarisch, in: Neue Deutsche Literatur, 12/1976, S. 21.

Mensch zeigt, dass er jede derartige Umwelt durchbrechen kann. [...] Er *schafft*
sich eine Wohnstätte, er *schafft* sich eine Heimat, weil er nicht irgendwo an einen
Boden gebunden ist. Die Stärke seiner biologischen Schwäche und Unspeziali-
siertheit stimmt mit der merkwürdigen Wurzellosigkeit zusammen, von der er
in allen seinen Handlungen Zeugnis ablegt.«[15] Für Plessner ist der Mensch das
Wesen, das gerade durch seine Wurzellosigkeit sich vom Tier abhebt und in dem
Sinne erst durch seine Künstlichkeit zu sich selbst findet: »Fundamental verstanden ist der Mensch der Emigrant der Natur, *die* keine Heimat von Natur hat,
sondern nur insoweit, als er sie sich erobert und mit all seinen geistigen Kräften
des Gedankens und des Herzens an ihr festhält.«[16] Hierbei ist besonders wichtig
festzuhalten, dass diese Begriffe nicht mehr als Entitäten, sondern als relationale
Konstrukte gedacht werden müssen: »Mit der Möglichkeit, das beim Menschen
Umweltgebundenheit und Weltoffenheit kollidieren und nur im Verhältnis einer *nicht* zum Ausgleich zu bringenden gegenseitigen Verschränkung gelten, einer Möglichkeit, die durch seine zugleich tierische und nichttierische ›Natur‹
nahegelegt ist, haben dagegen beide Parteien [Biologisten und Idealisten der
Geistigkeit, B. J.] nicht gerechnet.«[17] Zudem gerinnt in Plessners Vorstellungen
die menschliche Welt (Kultur, Sitte, Moral) nicht zu einer zweiten Natur, in
der der Mensch so verankert ist, dass er in einer Gemeinschaft[18] aufgeht. Dieser
Trugschluss beruht auf der relativen Geschlossenheit des Systems und der Naturalisierung des Daseinsrahmens, wodurch der Mensch seine Weltoffenheit durch
Scheuklappen ersetzt: »Sie [die Kultur, B. J.] ist gewordene, errungene und traditionell bewahrte Einseitigkeit, der die Menschen verfallen, wenn sie sich der
Begrenztheit ihrer Werte, Umgangsformen usw. nicht bewusst sind. Entgleitet ihnen dieses Bewusstsein – und das alltägliche Leben lässt es nicht zu, den
eigenen Daseinsrahmen im Blick zu halten – dann wandelt sich es sich in ein
Bewusstsein der Vertrautheit und Selbstverständlichkeit: alles muss ›eigentlich‹
so sein, wie es in gewohnter Weise ist.«[19] Das Eigene wird dem Menschen erst
zum Vertrauten, dann zum Selbstverständlichen und leitet zu guter Letzt in die
Nichtwahrnehmung der eigenen Welt über, wodurch die Vorstellung geboren
wird, selbige sei natürliche Umwelt.

---

15 Helmuth Plessner: Mensch und Tier, in: Ders.: Gesammelte Schriften VIII: Conditio humana,
    Frankfurt a. M. 1983, S. 52–65, S.63.
16 Ebd., S. 64. Kursivierung von B. J. Meines Erachtens ist der relativische Satzanschluss nicht
    korrekt, vielmehr müsste der Rückbezug zu Mensch über das Relativpronomen ›der‹ geleistet
    werden.
17 Helmuth Plessner: Über das Welt- Umweltverhältnis des Menschen, in: Conditio humana
    [Anm. 15], S. 77–87, S. 80 f.
18 Gemeinschaft wird hier im Sinne von Ferdinand Tönnies als Gegenbegriff zur rational-
    zweckgebundenen Gesellschaft verstanden.
19 Helmuth Plessner: Über das Welt-Umweltverhältnis des Menschen [Anm. 17], S. 85 f.

Dieser Tendenz setzt Plessner das Lob der Entfremdung entgegen, die dazu beiträgt, den Menschen aus seiner scheinbaren und selbstverständlichen Umwelt herauszureißen und ihm die Weltoffenheit zurückzugeben: »Die Kunst des entfremdenden Blicks erfüllt darum eine unerlässliche Voraussetzung allen echten Verstehens. Sie hebt das Vertraute menschlicher Verhältnisse aus der Unsichtbarkeit, um in der Wiederbegegnung mit dem befremdend Auffälligen des eigentlich Vertrauten das Verständnis ins Spiel zu setzen. Ohne Befremdung kein Verständnis, es ist der Umweg zur Vertrautheit [...]«[20] Die relationale Verflechtung von Eigenem und Fremdem wird hierbei besonders deutlich und erneut muss betont werden: »wir nehmen nur das Unvertraute wirklich wahr.«[21]

Die Relevanz dieser Überlegungen für den Reisebericht sind evident und von Peter J. Brenner hervorgehoben worden.[22] In dem hier zu verhandelnden Zusammenhang interessieren vor allem, inwiefern die DDR spezifischen Anforderungen an den Reisebericht sich im Spannungsfeld von Welt und Umwelt situieren. Nur zwei Alternativen sind dabei denkbar: Fremde als Abweichung / Hindernis oder Fremde als Bestätigung / Komplementarität. Die Reisenden versuchen, sich dem Schock[23] der Fremde zu entziehen, indem sie die eigene Weltoffenheit und Wurzellosigkeit zu Gunsten der eigenen Kultur (Ideologie) verdrängen, die ihnen bereits zur Umwelt geronnen ist. Diese Möglichkeit findet ihren Namen in der aller Orten geforderten Parteilichkeit,[24] die auch in ihren metaphorischen Verästelungen geradezu das Gegenteil der Wurzellosigkeit ist, nämlich der feste Standpunkt. Man erinnere sich nur an Honeckers Diktum von 1971: »Wenn man von der festen Position des Sozialismus ausgeht, kann es keine Tabus geben. Das betrifft sowohl die Fragen der inhaltlichen Gestaltung als auch des Stils – kurz gesagt: die Fragen dessen, was man künstlerische Meisterschaft nennt.«[25] Und sicherlich ist es auch kein Zufall, dass Plessners Philosophische Anthropologie einen Begriff positiv wertet, der im ideologischen Arsenal der DDR lediglich dem Klassenfeind vorbehalten war – Entfremdung: »[...], aber was in der Vertrautheit unausdrücklich und wie von selbst sich abspielt, wird in der Entfremdung ausdrücklich und strebt zu künstlich-methodischer Gestaltung. Das Verstehen wird verstehendes Erkennen, der Ausdruck wird ob-

20 Helmuth Plessner: Mit anderen Augen, in: Conditio humana [Anm. 15], S. 88–104, S. 94.

21 Ebd., S. 93.

22 Vgl. Peter Brenner: Die Erfahrung der Fremde. Zur Entwicklung einer Wahrnehmungsform in der Geschichte des Reiseberichts. In: Peter J. Brenner (Hg.): Der Reisebericht. Die Entwicklung einer Gattung in der neuen deutschen Literatur, S. 14–49, S. 16–18.

23 »Der Schmerz ist das Auge des Geistes«; Helmuth Plessner: Mit anderen Augen [Anm. 20], S. 95.

24 Gewöhnlich tritt noch die Indifferenz als dritte Alternative auf, die sich durch die Parteilichkeit jedoch hier nicht eröffnet.

25 Zitiert nach Wolfgang Emmerich: Kleine Literaturgeschichte der DDR, Leipzig ²1997, S. 247.

jektiviert, der Schock des Erlebnisses entbindet den Blick: wir sehen mit anderen Augen.«[26] Doch dieses Sehen mit anderen Augen schließt auch das Eigene mit ein und durchkreuzt die Naturalisierung des eigenen Daseinsrahmen, der dadurch seinen Konstruktcharakter, seine Künstlichkeit und letztendlich seine eigene Veränderbarkeit offenbart.

Hierbei muss erneut daran erinnert werden, dass Plessners Verständnis vom Menschen diesen radikal historisiert und in der Künstlichkeit seiner Welt verankert, die jedoch jederzeit wieder überschritten werden kann. Seine Konzepte wenden sich damit gegen Theoreme der klassischen Moderne, deren Zeitdiagnosen als Verfallsgeschichte lesbar sind und am prominentesten mit Lukács Diktum von der »transzendentalen Obdachlosigkeit«[27] zusammengefasst werden können.[28] Doch von diesen Axiomen, die letztendlich für die Überwindung der Dekadenz votieren, grenzt sich Plessner radikal ab: »Nur für den Glauben gibt es die ›gute‹, kreishafte Unendlichkeit, die Rückkehr der Dinge aus ihrem absoluten Anderssein. Der Geist weist Mensch und Dinge von sich fort und über sich hinaus. Sein Zeichen ist die Gerade endloser Unendlichkeit. Sein Element ist die Zukunft. Er zerstört den Weltkreis und tut uns wie der Christus des Marcion die selige Fremde auf.«[29] Dabei ist zu betonen, dass die »selige Fremde« kein utopischer Ort ist, sondern eine Struktur der Selbstbezüglichkeit, die Plessner mit der »exzentrischen Positionalität« des Menschen umreißt.

Dem hier vorgeschlagenen Zugang kann sicherlich vorgehalten werden, dass auf ein theoretisches Design zurückgegriffen werde, das sich gerade durch die Gegenposition zum kommunistischen Denken auszeichne. Die Favorisierung der hier mit dem Namen Plessner benannten Position sei lediglich eine Setzung und keine argumentative Widerlegung des Axioms von ›sozialistischem Patriotismus und proletarischem Internationalismus‹. Durch eine historische Betrachtung der Gattung Reisebericht kann das Problemfeld, in dem sich der sozialistische Reisebericht bewegt, weiter profiliert werden. Die dabei ablesbaren Spannungen innerhalb dieses Feldes tragen ebenfalls dazu bei, dass der Reisebericht in der DDR sich nicht zu einer blühenden Gattung entwickeln konnte und bestätigen Axiome der Philosophischen Anthropologie. In diesem Zusammenhang ist z. B. die Annäherung von Friedrich Wolfzettel an den Reisebericht von Interesse, da auch er von der Kreisstruktur ausgeht. Reisen ist für ihn zuerst einmal ganz banal von den Stationen Ausreise, Ziel und Heimkehr geprägt und kann

---

26 Helmuth Plessner: Mit anderen Augen [Anm. 20], S. 99.

27 Georg Lukács: Die Theorie des Romans. Ein geschichtsphilosophischer Versuch über die Formen der großen Epik, Darmstadt 1971, S. 32.

28 Vgl. hierzu Michael Makropoulos: Plessners Fremdheit in der klassischen Moderne, in: Jürgen Friedrich, Bernd Westermann (Hg.): Unter offenem Horizont, Frankfurt a. M. 1995. S. 95–100.

29 Helmuth Plessner zitiert nach ebd., S. 97.

so als Kreisbewegung verstanden werden. Dieser Bewegung in Zeit und Raum ist darüber hinaus das Moment der Grenzerfahrung und damit ganz im Sinne Plessners das Moment der Entfremdung eingeschrieben. Darin sieht Wolfzettel die mythische Struktur des Reiseberichts, die er mit dem Label Initiation versieht: »Initiation nicht in einem streng anthropologischen Sinn, sondern im Sinn einer Grenzüberschreitung bei der Begegnung mit dem Anderen. [...] Da jede Initiation einen ›rite de passage‹ in Szene setzt und im Übergang vom alten Ich zum neuen Ich einen Rollenwechsel und die Vision einer ›vita nuova‹ (etwa im Sinne Dantes) impliziert, geht es immer auch um eine Suche, [...] die scheinbare Kreisfigur von Ausfahrt und Heimkehr in Wahrheit zu einer auf Zuwachs ausgerichteten Spiralfigur öffnet und weitet.«[30] Allerdings bleibt zu bemerken, dass für den mittelalterlichen Reisebericht in Form der Pilgerreise noch eher die Kreisform als gültiges Beschreibungsmodell gelten kann. Dies liegt darin begründet, dass dem Fremden kein Erfahrungswert zugeschrieben wird. Die Pilgerreise zum irdischen Jerusalem korreliert der großen Reise des Menschen zum himmlischen Jerusalem, wodurch jeder Abweichung vom geraden Weg dorthin die Gefahr des Scheiterns inhärent ist: »Das Fremde ist in dieser Perspektive immer auch tendenziell Hindernis und Widerstand auf dem Weg zum Heil; die Reise wird zum moralischen Prüfweg zwischen Gut und Böse. [...] In einer solchen Welt des geistigen Kampfes (*pugna spiritualis*) gleicht der Reisende und Pilger dem Odysseus, der sich am Mastbaum anketten läßt, um nicht den Verlockungen der Sirenen zu erliegen.«[31]

Vor diesem Hintergrund stellt sich die Frage, welche Austarierungen dieser beiden Modelle ›Kreis‹ und ›Spirale‹ sich in der DDR-Reiseliteratur finden lassen. Denn es steht meines Erachtens außer Frage, dass die Texte hybrid sein werden. Durch den Begriff der Parteilichkeit wird das Verhältnis zur Fremde vorstrukturiert, woraus eine fast mittelalterlich anmutende Teilung der Welt in Gut und Böse resultieren müsste. Die Erfahrung der Fremde würde auf ›brauchbar‹ und ›unbrauchbar‹ im Sinne der ideologischen Vorgaben gerastert und unterschieden. Weltoffenheit im Sinne Plessners wäre in dieser Struktur nicht vorgesehen, was zur Folge hätte, dass die Fremde zwar als Fremde wahrgenommen würde, jedoch keine Erweiterung des Blickes auf das Eigene zur Folge hätte. Dies ist möglich, da der Reisende sich in Besitz der Gewissheit einer gesetzlich ablaufenden Entwicklung zum Ziel der klassenlosen Gesellschaft weiß. Verän-

---

30 Friedrich Wolfzettel: Zum Problem mythischer Strukturen im Reisebericht, in: Xenja von Ertzdorff et. al. (Hg.): Erkundung und Beschreibung der Welt. Zur Poetik der Reise- und Länderberichte, Amsterdam, New York 2003. S. 3–30, S. 9. In eine ähnliche Richtung geht auch Kawohl, wobei ihr zentraler Zugriff, dass Reisen Selbstfindung sei, die Frage von Eigenem und Fremden unberührt lässt. (Vgl. Birgit Kawohl: Besser als hier ist es überall [Anm. 2], S. 36.)

31 Friedrich Wolfzettel: Zum Problem mythischer Strukturen im Reisebericht [Anm. 30], S. 14.

derung und Weltoffenheit ist nur in eine Richtung möglich. Natürlich nimmt
jeder Reisende seine eigene Welt in die Fremde mit, weshalb gerade am Reisebericht die Konstruktionsmechanismen des Eigenen ablesbar sind,[32] doch das
ureigenste Movens des modernen Reiseberichts ist gerade die Hoffnung, die
eigne Welt abstreifen zu können: »Ich reise allein und gern in Länder, deren
Sprache ich nicht spreche, [. . .] ich bereite mich nicht vor, ich will neu geboren
werden, ich will vom Himmel fallen.«[33]

In letzter Konsequenz wirken sich die ideologischen Forderungen an die Gattung Reisebericht dadurch kontraproduktiv aus, da sie in die unablässige Ak-
kumulation von Redundanz einmünden müssten. Der Standpunkt der Parteilichkeit erlaubt eben nur die Teilung der Welt in Gut und Böse: Das NSW
ist kapitalistisch verderbt, mit lediglich einigen Einsprengseln kommunistischer
Renitenz, während die SU als leuchtendes Idealbild vorangeht. Diese hier sicherlich überspitzt dargestellte Opposition verdeutlicht lediglich wie stark in
dieser Konstruktion Grundannahmen des neuzeitlichen Reiseberichts verletzt
und letztendlich eine anthropologische Grundkonstante – die Weltoffenheit des
Menschen – negiert wird. Reisen bedeutet Selbstentfremdung im Kontakt mit
dem Fremden und Texte, die diese Grundregel vollständig missachten, muten
daher mittelalterlich an, was eine erfolgreiche Rezeption in der zweiten Hälfte
des 20. Jahrhundert ungemein erschwert. Daher ist davon auszugehen, dass Rei-
sebeschreibungen der DDR das Verhältnis von Entfremdung und Parteilichkeit
immer neu austarieren. In einer umfassenderen Untersuchung könnte es sich daher lohnen, eine Klassifikation der Mischungsverhältnisse zu erarbeiten, zu hin-
terfragen, ob diese in eine historische Reihe zu bringen sind und inwiefern die
Mischungsverhältnisse mit wiederkehrenden narrativen und rhetorischen Mus-
tern gekoppelt sind.

Auch historisch gesehen, ergeben sich für diese Konstruktion immense Span-

---

32 Vgl. dazu u. a. Ulla Biernat: »Ich bin nicht der erste Fremde hier«. Zur deutschsprachigen
    Reiseliteratur nach 1945. Würzburg 2004, S. 28–29.
    In dieser Hinsicht ist der Text *Nebenan zu Gast* ebenfalls interessant. Gereist sind Lothar Reher
    und Walter Großpietsch, jedoch wurde ihnen später vom Verlag mit Gisela Steineckert eine
    junge Autorin zur Seite gestellt, die die unbeholfenen Schilderungen in einen lesbaren Text
    verwandelte. (Vgl. Roland Links: Bild-Text-Bände bei knappen Devisen [Anm. 5], S. 208–
    209.) Der vorliegende Text ist also in mehrfacher Hinsicht kein rein individuelles Doku-
    ment, vielmehr sind durch die kollektive Autorschaft allgemeinere Konstituenten des Eigenen
    und des Fremden eingeflossen. Es wäre sicherlich sehr lohnend den DDR-kulturspezifischen
    Denk- und Wahrnehmungsweisen weiter nachzuspüren. Hierbei würde sich eine Auswertung
    der Druckgenehmigungsverfahren dieses Textes anbieten, da dort Bruchstücke der Selbstkon-
    stitution besonders deutlich zu Tage treten. Zu *Nebenan zu Gast* konnten allerdings weder
    im Bundesarchiv Berlin noch im Verlags Archiv Volk und Welt in der Akademie der Künste
    Berlin die entsprechenden Unterlagen ermittelt werden.
33 Wolfgang Koeppen zitiert nach Ulla Biernat: »Ich bin nicht der erste Fremde hier« [Anm. 32],
    S. 14.

nungen, wobei der Rückgriff auf ein vormodernes Menschenbild (Reise als Kreisstruktur) besonders problematisch ist. Ohne an dieser Stelle die noch anhaltende Diskussion über die Gesellschaftsstruktur der DDR nachzuzeichnen,[34] muss darauf hingewiesen werden, dass die Dedifferenzierungstendenzen innerhalb der DDR Gesellschaft stark mit der historischen Entwicklung westlicher Länder kollidieren, diese jedoch östlich der Mauer medial anwesend waren. Die Möglichkeit westdeutsches Fernsehen in der DDR zu empfangen, präsentierte den Bürgern der DDR jederzeit das Alternativmodell einer differenzierten modernen Gesellschaft.

Ideologische Pflichtprogramme

Wie schon anhand der Reisroute erläutert wurde, ergeben sich Spannungen zwischen dem Eigenen und dem Fremden, die sich im langen und vielleicht unmotiviert wirkenden Schwenk nach Kiruna ergeben. Begründet erscheint er allerdings, wenn man das Axiom der Parteilichkeit mit in die Gleichung aufnimmt, da hier ein Phänomen beschrieben wird, das der Entwicklung der Planwirtschaft (Aufbau einer Schwerindustrie) in der DDR entspricht. Viele Abschnitte, die aus heutiger Sicht als relativ abseitig und teilweise sogar als kurios angesehen werden müssen, sind diesem Zusammenhang geschuldet. Die immer wiederkehrenden Werks- und Grubenbesuche gehören hierzu, wobei der Schwerpunkt der Beschreibung auf den Arbeitsbedingungen der Werktätigen liegt. Diese Passagen greifen die Impulse des Reiseberichts der Aufklärung auf, der in sachlicher Information seine Hauptaufgabe sah. Jedoch schimmert die ideologische Rahmung immer wieder durch, besonders in der Beschreibung von vollständig nichts sagenden Besichtigungen, die als Abwehrmaßnahmen des herrschenden kapitalistischen Systems interpretiert werden (vgl. NzG, S. 26 f.). Relativ ausführlich werden spiegelbildlich dazu die Inseln kommunistischer Gesinnung im Meer der ideologischen Verblendung hervorgehoben. Das Kapitel »Rotes Kemi« beschreibt eingehend das Treffen mit kommunistischen Arbeitern und ihr politisches Engagement, sowie ihre Freizeitgestaltung im »Haus der Arbeiter«. Auch die Behandlung des zweiten Weltkrieges und die Rolle der Deutschen darin lässt sich diesem Materialzugriff zuordnen, durch den mehrfach zum Lob der pazifistischen Politik der Warschauer-Pakt-Staaten angehoben wird. Die deutsche Vergangenheit wird als eine in der DDR vollständig überwundene Phase der ideologischen Verirrung abgetan, wodurch man am antifaschistischen Gründungsmythos der DDR weiterspinnt.[35]

---

34 Detelef Pollack: Auf dem Weg zu einer Theorie des Staatssozialismus, in: Historical Social Research, Vol. 28, 2003, Nr. 1–2. S. 10–30.
35 Vgl. dazu Wolfgang Emmerich: Kleine Literaturgeschichte der DDR [Anm. 25], S. 29–39.

In diesem Zusammenhang ist natürlich auch von Interesse, wie man die eigene Heimkehr vorbereitet: »Schweden hat den höchsten Lebensstandard in Europa und eine hohe Selbstmordziffer.« (NzG, S. 141) Dem lapidaren Eröffnungs-
satz des letzten Kapitels folgt die Exemplifikation anhand der Outcasts von Göteborg, die von der kapitalistischen Gesellschaft aussortiert werden. Kraft ihrer Ka-
tegorisierung als Ausschuss eines unmenschlichen Systems bekommen sie durch
den Erzähler Attribute zugeschrieben, die mit der eigenen Position vereinbar
sind: solidarischer Zusammenhalt und Ansätze zu einer Gütergemeinschaft (die
sich allerdings hier nur auf Bier und Zigaretten erstreckt). Doch für den Erzähler
bleibt klar, dass er es nur mit Ansätzen zu tun:»An die Stelle der Revolution tritt
vorerst die Rebellion.« (NzG, S. 144)

Diese ideologischen Pflichtprogramme, die die Überlegenheit der DDR illustrieren und die Reiselust kaum fördern sollten, fallen auf die Gesamtheit des
Textes relativ bescheiden aus und können zum Teil dem Pol der Informati-
onsvermittlung zugeschrieben werden. Bizarre Exzesse wie zehn Jahre später in
Hermann Kants Stockholm Buch, der der frühen Sterblichkeit von Autos nach-
spürt und über mehrere Seiten genüsslich einen Schrottplatz in Huddinge beschreibt, sucht man vergebens.[36] Gerade das letzte Kapitel über den Bodensatz
der kapitalistischen Gesellschaft lässt in weiten Passagen die ideologische Codierung zurücktreten und lässt eine zweite Codierung durchschimmern, die in
einer nüchternen Akzeptanz des Fremden besteht. Diese Doppelcodierung lässt
sich auch in anderen Stücken nachweisen, vielleicht am deutlichsten in ›Kas-Kas
oder der Schuhputzer‹. Mit dem Schuhputzer wird eine der klassischen Figuren
des Kapitalismus aufgegriffen, die in Parallelität zum Tellerwäscher des amerikanischen Traums verstanden werden kann. Beiden ist die Möglichkeit des wirt-
schaftlichen Aufstiegs bis an die Spitze des Systems eingeschrieben. Daher bietet
diese Figur schon vom ersten Moment an Angriffsflächen für die ideologische
Codierung, die zu Beginn denn auch recht explizit aufgebaut wird: »*Kas-Kas*
ist der Name eines ›Konzerns‹.« (NzG, S. 16) Der Ich-Erzähler schildert dann
den schmächtigen Schuhputzer, wie er in die eigene Tasche wirtschaftet und
so dem ausbeutenden Großkonzern Kas-Kas ein Schnippchen schlägt. Die erzählenden Passagen aktualisieren den ideologischen Rahmen jedoch nicht son-
derlich, wodurch die Episode der ideologischen Codierung langsam entgleitet
und zur Beschreibung eines gerissenen Jungen mutiert, vergleichbar Figuren aus
den großstädtischen Kinder- und Jugendbüchern der Weimarer Republik. Die
Rückkoppelung an den ideologischen Rahmen ist jederzeit möglich, aber nicht
zwingend notwendig. Dieses Verfahren erinnert in vielen Punkten an den schie-
lenden Blick, der vielen DDR Autoren nachgesagt wurde, die im Schreibpro-

---

36 Hermann Kant: In Stockholm, Berlin 1971. S. 10–13.

zess eigene und fremde Ansprüche (Zensur) miteinander vermitteln mussten. Aufgrund dieser Beobachtung ist Zwirners Behauptung, Reiseliteratur könne sich propagandistischen Direktzielen eher entziehen, zu differenzieren.[37] Die beschriebenen Strukturen wären in dem weiter oben erörterten Sinne der Kreisstruktur zuzuordnen, der ein Verständnis der Fremde lediglich als Bestätigung oder Abweichung zu Grunde liegt, der jeder Eigenwert fehlt. Die beschriebenen Doppelcodierungen modifizieren dieses Model bereits und legen den Gedanken nahe, dass diese axiomatische Struktur in Reinkultur keinen modernen Reisebericht tragen kann. Daher kann es nicht verwundern, dass der hier untersuchte Reisebericht von Kapiteln durchsetzt ist, die das Verhältnis von Eigenem und Fremden anders austarieren.

Nomadensehnsucht

»[...] ein Lappe mit dem Gesicht eines Birnenmännchens oder einer besonders menschenähnlichen Vogelrasse. Wie ein Vogel bewegt er auch die Augenlider in rascher Folge, als wollte er etwas fortblinzeln, was ihn am Sehen hindert. Dabei sind seine Augen von überraschender Klarheit und sehen aus, als hätte er sie unverändert aus seiner Kindheit mitgebracht.« (NzG, S. 28) Das Bild des Samen lässt nichts an der üblichen Stereotypie (naturhaftes Wesen, kindliche Unschuld, Naivität, Friedfertigkeit) vermissen und die Faszination scheint von der instabil gewordenen Grenzziehung zwischen Natur und Kultur auszugehen. Der Same wird zu einem Zwitterwesen, das zu beiden Sphären Zugang hat, ohne in der jeweiligen aufzugehen. Die Reisenden gehen mit dem kleinen Holzfäller in den finnischen Wald und »der Mann ist zu Hause und hat das Fremde abgelegt wie eine Joppe, die für draußen gut ist und zu Hause die Bewegung hemmt.« (NzG, S. 29) Literarisch sicherlich nicht besonders überzeugend wird die Figur als »knorrig, wurzlig, wunderlich« (NzG, S. 30) beschrieben, um letztendlich zum mythischen Wesen zu mutieren: »[...] als wäre er einer der Gnome, an die er glaubt.« (NzG, S. 31) Diese Beschreibung zeigt den Samen wie bereits angedeutet im Augenblick der Assimilation, wobei er immer noch die Grenze zwischen Natur und Kultur ohne größere Probleme überschreiten kann. Dabei hat der Grenzübertritt in die Welt des Samen hinein für die Reisenden aus der DDR eine besondere Qualität: »Erschreckend und verwunderlich, daß er plötzlich zu singen beginnt. [...] Beklemmende Erkenntnis, daß dieser Mensch besingt, was ihn in einen harten Dienst zwang – für wenig Geld, für wenig Freude.« (NzG, S. 30) Weniger die musikalische Fremdheit des Joiks als die Perforierung des ideologischen Rahmens lassen den Ich-Erzähler stutzen und bereiten ausführlichere Passagen aus Lappland vor.

---

37 Barbara Zwirner: »Besseres Land – schönere Welt [Anm. 2], S. 1.

Weiter in den Norden vordringend nimmt die Idee, Samen in ihren ur-
sprünglichen Lebensräumen anzutreffen, fast obsessive Formen an.[38] Die Reisenden unternehmen große Anstrengungen und scheuen keinen noch so großen
Umweg, um Samen in ihrer ›natürlichen‹ Umgebung zu erleben. Doch dies erweist sich als schwierig: »Das sind also Nomaden? Aus dem einen Häuschen
kommt ein Mann. Sein grauer Anzug, die schwarzen Lackschuhe … beinahe
wären wir vorbeigelaufen. Es handelt sich aber wirklich um Nomadenfamilien.
In Karasjok haben sie ihr festes Winterhaus. [...] Es ist bloß ein Wechsel zwischen Sommer- und Winterwohnung. Ein modernes Nomadentum. Wir haben
keine Lust mehr, unsere Schlafsäcke auszubreiten. Nach kurzer Rast kehren wir
um. Zurück. Der Traum, einmal auf einem Rentierfell im Nomadenzelt zu sitzen, den beißenden Qualm des Feuers in Augen ist vorbei.« (NzG, S. 55) Doch
die Attraktionskraft der Nomaden hält an und sie suchen weiter: »Der Traum
vom Zelt und der Fremdartigkeit ist wieder da. Diesmal könnte er erfüllt werden.« (NzG, S. 55) Worin die Faszination des Fremdartigen besteht, erfährt der
Leser am deutlichsten anhand der Samin Maria, die mit dem norwegischen Lehrer Eilif verheiratet ist. Eilif ist ein Ausbund an Bildung, Höflichkeit und Ratio-
nalität, wobei diese Faktoren dazu beitragen Marias Herkunft zu neutralisieren.
Die Ehe wird als kalt und unglücklich geschildert, so dass Marias Ausflug zu einer
samischen Siedlung den Charakter eines Ausbruchs gewinnt: »Als sie dann aus-
stieg, reckte sie, neben dem Auto stehend, die Schultern und streckte die Arme
weit von sich. Das sah aus, als wären einem Menschen eben die Handschellen
abgenommen worden, und er prüft nun, ob seine Hände noch zum Zupacken
taugen und seine Lungen noch zum Durchatmen. In diesem Augenblick war ich
erschüttert, aber sie hatte uns schon vergessen, auch den Zweck unseres Besu-
ches.« (NzG, S. 70) Die nicht undeutsche Hoffnung die Fesseln der Zivilisati-
on abstreifen zu können, bildet den imaginären Nährboden dieser Passage und
wird geweitet auf die Vorstellung, in einer natürlichen Gemeinschaft aufzugehen: »Wir durften in die Zelte schauen, und dort sahen wir Maria: Sie hatte die
Stiefel fallen lassen, sich auf ein Fell geworfen und strampelte mit den Beinen, la-
chend wahrscheinlich ohne Anlaß, erregt und erhitzt, sie ließ sich erzählen und
stieß kleine Schreie der Verwunderung aus, und sie erzählte selbst und wälzte
sich vergnügt auf dem Fell.« (NzG, S. 70) Die sexuellen Untertöne werden noch
expliziter, als Maria dem Ich-Erzähler auf dem Nachhauseweg eine eindeutige
Offerte macht, die dieser ablehnt. Jedoch nicht auf Grund moralischer Beden-
ken, sondern auf Grund der Erkenntnis, dass die Fremde nicht überbrückbar ist:
»Verstehen ist nicht das sich Identifizieren mit dem Anderen, wobei die Distanz

---

38   Der Gesamttext von 148 Seiten befasst sich in fünf Kapiteln über gut 30 Seiten mit dem Leben
     der Samen.

zu ihm verschwindet, sondern das Vertrautwerden in der Distanz, die das Andere als das Andere und Fremde zugleich sehen lässt.«[39] Die Attributierungen des Samischen kreisen um Begriffe wie (soziale) Nähe, Offenheit und vor allem Natürlichkeit (auch in sexueller Hinsicht): »Jemand wirft einen trockenen Zweig ins Feuer. Die Flammen lodern auf, werfen gespenstische Schatten an die Zeltwand. Hinter mir kraucht der Hund vorbei. Ich kraule ihn. Er springt fort ... zu den Kindern. Sie balgen sich um ihn. Keine neugierigen Blicke mehr. Sie lachen, toben, stoßen uns an. Auch die Mutter lacht.« (NzG, S. 59) Der Einfachheit der Lebensverhältnisse entspricht die Vereinfachung der Syntax.

Den Gegenpol zur lockenden Welt der Fremdartigkeit bildet wie bereits erwähnt der Lehrer Eilif, der in der Einöde des hohen Nordens eine Insel der Kultur geschaffen hat. Dieser Gegensatz wird besonders, und was würde näher liegen, an seinem Haus verdeutlicht. Denn natürlich bilden Vorstellungen vom ungebundenen Umherziehen der Samen einen weiteren Mosaikstein in der Attraktionskraft der nordeuropäischen Urbevölkerung. Zwar entstand der Text vor dem Mauerbau, doch wurde Republikflucht seit 1957 direkt unter Strafe gestellt. In diesem Spannungsfeld wird die Beschreibung von Eilifs Haus fast brisant: »Das Innere des Hauses machte auf mich ohne Übergang den Eindruck einer Burg, einer außerordentlichen Haltbarkeit und Dauerhaftigkeit, und da mag es noch viele Bezeichnungen geben, die das deutlich machen könnten, was ich meine. Es waren nicht die Einzelheiten, es war das Gesamte, die Summe dessen, was ich sah. Und es ergab sich daraus, wie hier ein Sessel stand, dort ein Bild hing, und es war dennoch im einzelnen nicht nachzuweisen. Aber das Haus war eingerichtet auf unabsehbare Zeit, für Generationen gesichert, unverrückbar in Form und Atmosphäre, die so abgeschlossen war, daß man sich nicht vorstellen konnte, es käme noch etwas Neues hinzu. Das Haus und Eilif in seinem Wesen, so schien mir, bildeten eine Einheit. Was über die Umgebung gesagt werden konnte, traf auf den Menschen zu.« (NzG, S. 67) Die Sympathien in diesem Unterkapitel sind klar verteilt und unterstreichen die besondere Faszination, die den angeblichen Naturmenschen zugesprochen wird. Dies ist insofern überraschend, da die Figur des Lehrers fast einem DDR Ankunftsroman entnommen sein könnte, die in großer Anzahl Neulehrer, Ingenieure, Parteisekretäre schildern, die in das hier gebrauchte Raster passen. Man kann auch dem Lehrer Eilif nicht den Vorwurf machen, er sei ein kalter Technokrat und Besserwisser, wie die letzte Episode des Kapitels, in der er sich hilflos um die Zuneigung seiner Frau bemüht, beweist.

Zudem wird das Bild verkompliziert, da sich im Verlauf des Textes eine Verkehrung der Positionen findet. In Kiruna kommt der Ich-Erzähler beim Tanzen

---

39 Helmuth Plessner: Mit anderen Augen [Anm. 20], S. 102.

mit einem Mädchen ins Gespräch, das sich unter anderem durch seine Fremd-
sprachenkenntnisse von der Masse abhebt. Laila ist samischen Ursprungs und
offenkundig begabt, jedoch begnügt sie sich mit einer primitiven Arbeitsstelle
in einer Baumschule. Die Gründe fügen sich in das bereits herauspräparierte Sa-
menbild ein: »Das wichtigste sei ihr immer im Freien zu sein. [...] sie würde
mir sagen, dass man aus ihr keinen Stubenhocker machen kann und dass sie bei
dieser Arbeit die ›Freiheit‹ hat, nach der sie sich sehnt [...]« (NzG, S. 116 f.) Die
bisherige Faszination schlägt nun in einen didaktischen Angriff um, wodurch
der Ich-Erzähler in die Position von Eilif rutscht. Das Pathos des sozialistischen
Aufbruchs schwappt auf die Tanzfläche in Kiruna: »In diesem Moment möchte
ich sie wirklich neidisch machen. Und bei ihrem verschütteten Ehrgeiz packen
und alles in ihr aufrütteln – bis aus ihren Träumereien und Wünschen eine Kraft
entsteht, die das Mädchen weitertreibt hinaus über das Ziel, die doppelte Anzahl
Sämlinge in einer Schicht zu schaffen. Sonst wird sie eines Tages zurückkehren
zu den [sic!] Fjäll und der Bedürfnislosigkeit ihrer Ahnen. [...] Ich denke sie mir
lieber, wie sie sein könnte. Als Technikerin, Wissenschaftlerin – oder als eine,
die alles aufschreibt, was sie sich sonst nur selbst erzählt.« (NzG, S. 117)

Diese Inkonsistenz des Textes hat weder mit dessen Qualität, noch mit dessen gespaltener Autorschaft zu tun, sondern reflektiert vielmehr die gesellschaftlichen Ansprüche der DDR an den Reiseschriftsteller und die Aporien die sich
daraus für die Gattung Reisebericht ergeben. Die Faszination für die nordskandi-
navische Urbevölkerung kann nicht in eine mythische Initiation im Sinne Wolf-
zettels münden, da die Disposition der Parteilichkeit diese verstellt. Durch eine
Entfremdung im Plessnerschen Sinne wächst die Gefahr, dass der Reisebericht
im Staatsauftrag dysfunktional wird und der Kreis sich zur Spirale weitet, bzw.
die Spirale zur Geraden ohne Zielpunkt gestreckt wird. Daher müssen der Faszination für das Fremde, die sowohl anthropologisch als auch gattungstheoretisch
gegründet ist, Verfahren beigemengt werden, die Odysseus wieder an den Trab-
bi binden. Hierzu zählt sicherlich auch die Beschreibung der Samen als besonders in Norwegen unterdrücktes Naturvolk, dem der Reisende aus der DDR
ebenso solidarisch verbunden ist wie den Staaten der Dritten Welt, die in diesen
Jahren gerade ihre nationalen Befreiungskämpfe führten. In dieser ideologischen
Perspektive sind die Samen, die Dritte Welt des Westens und bedürfen der Unterstützung gegen die die imperialistische Unterdrückung: »Die Gewinne aus
Wäldern, Bergwerken und anderen Produktionsstätten fließen dem Staat oder
großen Kapitalgesellschaften zu. Nicht einmal für die verlorengehenden Wei-
degebiete erhalten die Rentierbesitzer Schadensersatz. [...] 22 000 Lappen gibt
es in Norwegen, und die Zeit scheint nahe, da sie staatsbürgerliche Mindest-
rechte fordern werden.« (NzG, S. 59) Auch Eilifs Ehe mit Maria wird in diesem
Kontext als kolonialer Übergriff lesbar.

Mensch und Tier

Anhand des Reiseberichts *Nebenan zu Gast* ließen sich verschiedene Verfahren beschreiben, die sich als Reaktionsmuster auf die Paradoxien des Reiseberichts in der DDR lesen lassen. Postulate und plakative Setzungen werden von erzählenden Passagen unterlaufen – Doppelcodierungen lassen verschieden Rahmungen zu – die Inszenierung von Positionen wird in anderen Passagen gesprengt. Diese Verfahren werden zahlenmäßig von vielen Abschnitten überlagert, die der privilegierten Position der Reisenden geschuldet sind und den ideologischen Vorgaben der Auftraggeber, die sich mit den Vorgaben der Reisenden decken können, aber nicht müssen, entsprechen. Nur in äußerst wenigen Passagen treten die Faszination und der Schrecken der Fremde in ungebrochener Weise zu Tage. Hierbei wird weniger die Sozialität der Reisenden herausgefordert, vielmehr wird die Grenze zwischen Mensch und Tier thematisiert.

In einem Fischerboot auf dem Weg zu den Lofoten ereilt den Ich-Erzähler das, wovon viele seiner Landsleute heute noch träumen – der große Fang: »›Wird er nicht getötet?‹ Der Fischer lachte. ›Nein, nein, es dauert nicht lange.‹ ›Es‹ war der Todeskampf des Tieres. Der Fisch warf sich, riß das Maul weit auf und blutete. Ich wandte mich ab, stieg in die Kajüte hinunter und schloß die Tür hinter mir. [...] Plötzlich war ein schwerer, klatschender Aufprall zu hören. Ich wußte, es war der Fisch, er hatte sich nochmals geworfen. [...] Und dann wieder Stille. Ich saß in der halbdunklen Kajüte und horchte angestrengt auf das leiseste Geräusch von oben. Dennoch erschrak ich, als der Fisch wieder anfing, sich zu werfen. Es nutzte nichts, hier zu sitzen, ich sah ihn auf den Planken liegen, mit weit aufgerissenem Maul und einem roten Auge. Ich ging nach oben.« (NzG, S. 87) Die Flucht nach vorne gelingt durch Inkorporierung des Erlebnisses in den berufsmäßigen Blick – der professionelle Fotograf macht ein Bild. (vgl. NzG, Abb. 78)

Die hier anklingende Erschütterung verstärkt sich noch in der Beobachtung von Lemmingen: »Man muß sie in der Dämmerung und auf so erschreckende Weise erlebt haben, um zu begreifen, daß sie zwar eine Mäuseart sind, aber durchaus anders wirken können als die harmlosen kleinen Tierchen, die wir kennen. Sie stürzten, vom Lichtkegel der Scheinwerfer in panische Angst versetzt, auf das Auto. Winzige Geschöpfe, die vor Furcht schrien. Ihre braungelb gemusterten, zehn bis zwölf Zentimeter langen Körper bäumten sich auf, gerieten unter die Räder, was die anderen nicht davon abhielt, ihnen zu folgen.« (NzG, S. 63) Die Weiterfahrt in die Nacht hinein entfremdet die Reisenden immer stärker von sich selbst und endet in existenzieller Verstörung: »Die Schwärze ringsum schien tot. Nichts war da als dieses Brüllen [eines Wasserfalls, B. J.] irgendwo, zwei Scheinwerfer und eine glitzernde Felswand, an deren Fluß zwei

winzige Gestalten sich dann und wann bewegten. Wir schalteten die Scheinwerfer aus, und die Finsternis schlug über uns zusammen. Wir flüchteten ins Zelt.«
(NzG, S. 64) Zwischen diesen beiden Zitaten breiten die Autoren Bildungsgut
über die Lemminge aus, das Brehms Tierleben alle Ehre macht:»Diese Pelz-
tiere vermehren sich sehr rasch. Es heißt, daß sie alle zehn bis fünfzehn Jahre
von einem gewaltigen und tödlichen Trieb erfaßt werden. Dann überqueren sie
zu Millionen wie eine Lawine Flüsse und Berge, unaufhaltsam, furchtlos und
blind in ihrem Trieb. Ihr Ziel ist das Eismeer, dort schieben sich die ersten ins
Meer und ersäufen sich, die nächsten gehen über ihre Leichen in den gleichen
Tod, und nur die letzten folgen nicht in dieses unverständliche Sterben. Sie kehren um, flüchten vor dem Ort, an dem sie endlich angelangt sind und setzen
den Kreislauf von Vermehren und Sterben fort.« (NzG, S. 63) Eine gewöhnliche Beschreibung der possierlichen Tierchen Nordskandinaviens und lediglich
bemerkenswert durch eine charakteristische Auslassung. Der massenhafte Tod
der Lemminge wird im allgemeinen Sprachgebrauch fast stereotyp mit dem Ad-
jektiv ›kollektiv‹ versehen. Das massenhafte Auftreten und ihr kollektiver Selbst-
mord, bei dem es sich übrigens um einen Mythos handelt,[40] lehrt die Reisenden
mit eingebautem parteiischen Standpunkt einer kollektivistischen Ideologie das
Fürchten, und es bleibt nur die Flucht in die eigenen vier Zeltwände.

Eine geradezu komische Note bekommt diese Passage, wenn man die Bedeu-
tung von Walt Disneys Film *White Wilderness* aus dem Jahr 1958 zur medialen
Verbreitung des Mythos mit einrechnet. »Es heißt« kann also mit »Onkel Walt
(der Kommunistenhasser) hat gesagt« übersetzt werden … Der Film lief 1959
auf der Berlinale und wurde dort mit einem Goldenen Bären für den besten
Dokumentarfilm ausgezeichnet. Die noch offene Sektorengrenze in Berlin in
Betracht gezogen, legt nahe, dass die Autoren von *Nebenan zu Gast* ähnlich wie
Millionen andere DDR-Staatsbürger am goldenen Westen geschnuppert haben.
Wie die Lemminge …

---

40 Siehe Christoph Drösser: Tierquäler Disney, in: http://www.zeit.de/stimmts/1997/
   1997_38_stimmts (15.3.2007).

Anne-Bitt Gerecke

Können Bücher wandern?

Zur internationalen Vermittlung von Gegenwartsliteratur

Im folgenden soll es darum gehen, am Beispiel der Arbeit des Literaturprojektes *Litrix.de* darzustellen, auf welche Weise sich sehr praxisorientiert dazu beitragen lässt, dass die aktuelle deutschsprachige Literatur via Übersetzungen den Weg zu Lesern in anderen Sprachen und Kulturen findet.

Hinter dem Namen *Litrix.de* verbirgt sich ein Online-Magazin, das sich um die internationale Vermittlung deutscher Gegenwartsliteratur bemüht. Auf der Website www.litrix.de präsentieren wir jeden Monat wichtige deutschsprachige Neuerscheinungen auf Deutsch, Englisch, Arabisch und Chinesisch. Die beiden anderen wichtigen Säulen unserer Arbeit sind ein spezielles Übersetzungsför-derungsprogramm und begleitende Veranstaltungen wie Übersetzerworkshops und Autorenlesungen.

Litrix.de wird von der Kulturstiftung des Bundes finanziert, die Gegenwarts-kunst und -kultur fördert. Ein Schwerpunkt ist dabei die Förderung innovativer Projekte im internationalen Kontext. In ihrem Programmbereich setzt die Kul-turstiftung Themenschwerpunkte, für die sie Projekte selbst initiiert. *Litrix.de* ist das erste dieser Initiativprojekte im Literaturbereich. Der Anstoß dazu kam von der Autorin Monika Maron, die Mitglied des Stiftungsrats der Kulturstiftung ist. Sie hat die Gründung einer Literaturvermittlungseinrichtung nach dem Vorbild kleinerer europäischer Länder wie Dänemark mit dem Dansk litteraturcenter, den Niederlanden mit ihrem Produktiefonds oder Svenska Institutet in Schwe-den angeregt.

In diesen Ländern, aber auch in Frankreich, Großbritannien und Spanien mit ihren bekannten kulturellen Großinstitutionen werden seit vielen Jahren die In-formation über die Buchproduktion des jeweiligen Landes, deren ›Promotion‹, die Übersetzungsförderung und die Kontaktpflege zu den ausländischen Verla-gen mit großem Erfolg aus einer Hand betrieben.

Ein ähnlich gelagerter Versuch, deutsche Gegenwartsliteratur gezielt ins Aus-land zu vermitteln, ist unser Projekt *Litrix.de*, das für fünf Jahre von der Kultur-stiftung des Bundes finanziert wird. Träger und Sitz von *Litrix.de* ist die Zentrale des Goethe-Instituts in München. Weiterer Kooperationspartner ist die Frank-furter Buchmesse.

Den Kern und Ausgangspunkt der Vermittlungsarbeit stellt das Online-Magazin *www.litrix.de* dar. Damit verfolgen wir vor allem zwei Ziele: Zum einen wollen wir dem internationalen Publikum einen schnellen und einfachen Zugang zu Neuerscheinungen auf dem deutschen Buchmarkt ermöglichen. Zum anderen wollen wir auf diese Weise und in Ergänzung zu anderen bereits bestehenden Initiativen zur Vermittlung deutscher Literatur weltweit Impulse zur Übersetzung aktueller deutscher Bücher geben. Der Hintergrund unserer und anderer Vermittlungsbemühungen ist folgender:

Deutschland gehört mit über 80 000 neuen Buchtiteln im Jahr und einem geschätzten Gesamtumsatz von über neun Milliarden Euro[1] nicht nur zu den wichtigsten Buchnationen – der deutsche Buchmarkt ist auch einer der vielseitigsten der Welt. Zu dieser Vielseitigkeit tragen in hohem Maße Bücher bei, die aus nahezu allen Literaturen der Welt ihren Weg zu deutschen Lesern finden. Der Anteil der Übersetzungen fremdsprachiger Bücher an den Neuerscheinungen auf dem deutschen Buchmarkt ist in den letzten Jahrzehnten stetig und signifikant gestiegen.[2] Insbesondere im Bereich der Belletristik spielt die übersetzte Literatur eine enorme Rolle: 2004 hatte sie einen Anteil von 20,7 % an den neuen Titel, das heißt von insgesamt rund 10 000 belletristischen Neuerscheinungen waren knapp 2 200 Übersetzungen aus anderen Sprachen.[3]

Gerade mit Blick auf die ›schöne Literatur‹ könnte man dabei durchaus von einer ›Einbahnstraße‹ sprechen. Ein Beispiel: Den 1 100 belletristischen Titeln, die vergangenes Jahr aus dem angelsächsischen Sprachraum ins Deutsche übertragen wurden, stehen lediglich 35 Titel gegenüber, die vom Deutschen ins Englische übersetzt wurden. Im Falle des Nachbarlandes Frankreich belaufen sich die Zahlen immerhin noch auf 184 ›importierte‹ im Verhältnis zu 75 ›exportierten‹ literarischen Titeln. Beim literarischen Transfer zwischen Deutschland und dem Ausland ist also unverkennbar ein Ungleichgewicht festzustellen.

Ausgehend von diesen Fakten gab es in der Vorbereitungs- und Konzeptionsphase von *Litrix.de* intensive Gespräche mit Vertretern der Verlagsbranche sowie mit wichtigen Förder- und Mittlerinstitutionen.[4] Dabei haben sich folgende grundsätzliche Schwierigkeiten des ›Zugangs‹ zur aktuellen deutschen Literatur

---

1 Seit 2002 unverändert.

2 2004 gab es aufgrund der angespannten finanziellen Lage vieler Verlage erstmals einen Einbruch bei der Zahl der Übersetzungen. Statt 12,3 % im Jahr 2003 waren 2004 nur noch 7,3 % der Neuerscheinungen Übersetzungen.

3 Quelle: Buch und Buchhandel in Zahlen 2005, herausgegeben vom Börsenverein des deutschen Buchhandels e. V., Frankfurt am Main 2005. Alle Zahlen beziehen sich auf die jeweils jüngsten Erhebungen der Jahre 2004–2005.

4 Damals waren diese Zahlen sogar noch eklatanter: 2 000 importierte gegenüber 40 exportierten Titeln für den englischsprachigen Raum und 220 exportierte gegenüber 60 importierten Titeln im Falle Frankreichs.

als Hauptursachen für das eben beschriebene Ungleichgewicht herauskristallisiert:

1. In vielen Ländern der Welt sind es häufig nur wenige Fachleute (Germanisten und einige wenige Verlagslektoren), die überhaupt Deutsch lesen. Es war also schnell klar, dass der einzige Weg, um allen beruflich wie privat Interessierten einen ersten Einstieg in die aktuelle deutsche Literaturlandschaft zu ermöglichen, der sein würde, umfangreiche Probeübersetzungen in der *lingua franca* des Englischen bereitzustellen. Zusammen mit ausführlichen Besprechungen des jeweiligen Buches kann so der Zugang zur deutschen Gegenwartsliteratur wesentlich erleichtert werden. Auf diese Weise können die Entscheidungsprozesse in den internationalen Verlagshäusern vereinfacht und beschleunigt werden, da ein Interesse an deutscher Literatur nicht länger von profunden Deutschkenntnissen der Lektoren abhängig ist. Aktuelle deutsche Bücher können so im Ausland wahrgenommen werden, auch wenn sie noch keine längere Erfolgsgeschichte durch Übersetzungen in die großen Weltsprachen hinter sich haben.

2. Breite und Vielfalt der deutschen literarischen Landschaft machen sie – angesichts vorhandener Sprachbarrieren – für fremde Beobachter oft zu einem unübersichtlichen Markt. Ähnliches gilt für eine Fülle von Zusatz- und Hintergrundinformationen zur deutschen Literatur und Literaturkritik, die zwar an vielen verschiedenen Stellen verfügbar, für Außenstehende aber nur schwer zugänglich und für die jeweiligen Bedürfnisse adaptierbar sind. Daraus hat sich für uns ergeben, dass es sinnvoll ist, diesen komplexen Markt durch die Auswahl und Präsentation von ›Highlights‹ aus den Bereichen Belletristik, Sachbuch und Kinder- und Jugendbuch leichter überschaubar zu machen.

3. Seit Jahren ist in der Verlagswelt – wie in anderen Wirtschaftszweigen auch – ein enormer Beschleunigungseffekt zu beobachten: Erfolge müssen immer schneller erzielt werden, einzelne Titel verschwinden oft schon nach kurzer Zeit wieder aus dem Programm, die so genannte ›Backlist‹ wird zugunsten der Neuerscheinungen gekürzt. Das hat auch zur Folge, dass Bücher, die bereits seit mehreren Jahren auf dem heimischen Markt sind, nur noch selten in andere Sprachen übersetzt werden. Deshalb ist es in diesem immer schnelllebigeren Geschäft wichtig, Neuerscheinungen auch im Ausland möglichst bald nach ihrem Erscheinen zu vermitteln.

Zu diesem Zweck wurde *Litrix.de* also im Sommer 2003 ins Leben gerufen. Auf der Website stellen wir jeden Monat neue Bücher mit ausführlichen Besprechungen, Auszügen aus den Originaltexten sowie Probeübersetzungen von etwa fünfzehn Seiten Umfang und allen wichtigen Informationen zu den Autoren und ihren bisherigen Veröffentlichungen kompakt vor. Pro Jahr finden sich bei uns rund dreißig auch für ein internationales Publikum interessante Bücher, so dass die Leser außerhalb Deutschlands mitverfolgen können, was sich in der deutschen Gegenwartsliteratur gerade tut.

Und zu dieser Gegenwartsliteratur gehören selbstverständlich auch die Texte von Autorinnen und Autoren mit Migrationshintergrund, für deren Schreiben man seit den 1980er Jahren das Etikett ›Migrantenliteratur‹ verwendet hat. Diese Form des Schreibens zwischen den Kulturen ist in den letzten Jahren immer wichtiger geworden für die Frage nach dem, was die deutschsprachige Gegenwartsliteratur ausmacht. So gibt es eine Vielzahl von jüngeren Autoren, die ursprünglich nicht deutscher Herkunft sind, aber seit vielen Jahren in Deutschland leben und sich hier sprachlich und kulturell zuhause fühlen. Sie schreiben daher ganz selbstverständlich auf Deutsch und für ein deutsches Publikum.

Im Unterschied zu früheren Beispielen der erst in den 1980er Jahren allmählich entdeckten ›Literatur der Migration‹, sind ihre Texte und auch die Autoren selbst inzwischen in der ›Normalität‹ einer ›hybridisierten‹ Kultur und Gesellschaft in Deutschland angekommen. In ihren Büchern geht es daher auch sehr viel weniger um die Kategorien von Heimat und Fremde, von Integration und Assimilation als vielmehr um die Suche nach Identität und Individualität jenseits nationaler Grenzen und Kategorisierungen. Sie sind damit ein integraler Bestandteil deutscher Gegenwartsliteratur ohne das Zeichen des Exzentrischen und Marginalen geworden.

Beispielhaft dafür sind der Erzählungsband *Zwölf Gramm Glück* von Feridun Zaimoglu, der mit seinem Debüt *Kanak Sprak* Mitte der neunziger Jahre zur Galionsfigur der sogenannten Migrantenliteratur avancierte, und der Roman *Alle Tage* der Ungarin Terézia Mora, die wir beide bei uns auf der Website vorstellen. Zaimoglus Geschichten über die Liebe, über ihr Gelingen und ihr Scheitern, über ihre verschiedenen Spielarten und unterschiedliche Lebensdauer spielen zum Teil in der Alltagswirklichkeit deutscher Großstädte wie Hamburg und Berlin, zum Teil ebenso selbstverständlich in archaisch wirkenden Dörfern in Anatolien. Terézia Moras Sprachkunstwerk über einen heimatlosen, hochbegabten und höchst skurrilen Einzelgänger ist inzwischen in 18 Länder verkauft worden – und zwar als das Werk einer der wichtigsten jungen Stimmen der deutschen Gegenwartsliteratur.

Und an alle, die sich professionell, effizient und zeitnah über diese vielfältige deutsche Gegenwartsliteratur informieren wollen, wie zum Beispiel ausländische Verleger, Übersetzer und Kritiker, sowie an Literaturinteressierte im In- und Ausland, wendet sich die Website. Drei Jahre nach dem Launch von www.litrix.de gibt es dazu deutlich messbare und erfreulich stabile Resultate zu vermelden: Jeden Monat greifen im Durchschnitt 120 000 User aus aller Welt auf die Website zu, um sich über neue Titel auf dem deutschen Buchmarkt zu informieren. Aus Japan und Indien gehen ebenso Anfragen in der Redaktion ein wie aus Brasilien und Slowenien.

Über das weltweite Informationsangebot im Internet hinaus gibt es eine Besonderheit bei *Litrix.de*, die uns besonders wichtig ist und die unsere tägliche Arbeit in hohem Maße bestimmt: Das ist das so genannte Schwerpunktregionen-Modell mit einem eigens darauf zugeschnittenen Übersetzungsförderungsprogramm. Dabei geht es darum, deutsche Gegenwartsliteratur gerade auch in Länder oder Regionen zu vermitteln, deren kultureller und gesellschaftlicher Hintergrund sich von der deutschen Erfahrungswirklichkeit deutlich unterscheidet, also in Länder, in die die Literatur aus dem in jeder Hinsicht fernen Deutschland von allein nicht so leicht ihren Weg findet.

Bei dieser Schwerpunktsetzung sind wir davon ausgegangen, dass das gedruckte Wort und insbesondere der literarische Text − trotz der unaufhaltsam wachsenden Bedeutung elektronischer Kommunikationsmedien − immer noch ein wichtiges Medium nicht nur für die kulturelle Selbstverständigung einer Gesellschaft, sondern ebenso für das Kennenlernen anderer Lebens- und Denkweisen ist. Das gilt in besonderem Maße, wenn das zu Entdeckende außerhalb des eigenen Sprach- und Kulturkreises liegt. An die internationale Vermittlung von Literatur ist seit jeher die Erwartung geknüpft, dass sie zum Erfahrungs- und Gedankenaustausch zwischen den Kulturen beiträgt und Kommunikationsbarrieren in Gestalt traditionell verfestigter Sichtweisen überwinden hilft.

Um auf eine praxisorientierte Weise zu einer Intensivierung dieses Dialogs beizutragen, haben wir anknüpfend an das Initiativprogramm der Kulturstiftung des Bundes *Die kulturelle Herausforderung des 11. September 2001* mit unserer arabischsprachigen Website und dem dazugehörigen Übersetzungsförderungsprogramm versucht, die arabische Welt gezielt anzusprechen. Zumal die arabischen Länder 2004 der Ehrengast der Frankfurter Buchmesse waren, so dass man auf einen Austausch von Büchern und Ideen in beide Richtungen hoffen durfte. Im Laufe der letzten beiden Jahre sind dann die ersten vierzehn von uns geförderten Übersetzungen deutscher Bücher auf den arabischen Markt kommen, darunter Peter Eigens *Im Netz der Korruption* über die Arbeit von Transparency International und Norbert Gstreins Roman *Das Handwerk des Tötens* über die Kriege auf dem Balkan und die mediale Konstruktion von Wirklichkeit oder auch die eben erwähnten *Zwölf Gramm Glück* von Feridun Zaimoglu, um nur einige zu nennen.

Und nicht zu vergessen *Die Klavierspielerin* von Elfriede Jelinek, die wir 2004 anlässlich der Verleihung des Literaturnobelpreises außer der Reihe haben übersetzen lassen, weil bisher noch kein einziger Text von ihr auf arabisch vorlag. Die ersten zehn arabischen Litrix-Bücher konnten wir auf der Kairoer Buchmesse 2006, bei der Deutschland erstmals Gastland war, der breiteren Öffentlichkeit vorstellen − mit einer erfreulich großen Resonanz in der arabischen Presse und im Fernsehen.

Aber man darf sich trotzdem nicht der Illusion hingeben, mit solchen Übersetzungen aktueller deutscher Bücher die großen Massen zu erreichen, denn das
Leseverhalten in den arabischen Ländern unterscheidet sich stark von unseren
Lesegewohnheiten, und das Buch ist nach wie vor ein Luxusgut, das sich nur
wenige leisten können. Von daher sind für unsere Verhältnisse kleine Auflagen
von 2 000 bis 3 000 Stück dort schon ganz ansehnliche Zahlen, und es bleibt die
Hoffnung (und zum Glück auch die positive Erfahrung der vergangenen Jahre),
dass man mit solchen Büchern zumindest die kleine, aber wichtige Gruppe von
Intellektuellen und Ideenmultiplikatoren erreicht, ohne die ein weitergehender
interkultureller Austausch kaum möglich ist. Und dass ein solcher Austausch mit
den islamisch geprägten Ländern nach wie vor extrem wichtig ist, haben die
Eskalationen nach dem Karrikaturenstreit mit Dänemark ja leider unmissver-
ständlich deutlich gemacht.

Im Laufe dieses Jahres erscheinen weitere zwanzig Titel in arabischer Übersetzung, darunter auch mehrere Kinder- und Jugendbücher, und wir denken,
dass damit ein guter Anfang gemacht ist für einen kontinuierlichen Bücher- und
Ideenaustausch mit den arabischen Ländern. Denn in den drei Jahren unserer
Arbeit in der Region sind eine Vielzahl von Kontakten zwischen arabischen
und deutschen Verlagen entstanden und es werden – was uns besonders freut –
auch ohne unsere Vermittlung Lizenzen ge- und verkauft, das heißt hier wandern Bücher tatsächlich, und das sogar über weite Strecken und viele Grenzen
hinweg von einer Kultur in die andere.

Neben der arabischen Welt steht seit 2005 China im Zentrum unserer Vermittlungsbemühungen, und entsprechend richtet sich unser Übersetzungsför-
derungsprogramm seitdem auch speziell an die chinesischen Verlage. Auf diese Weise wollen wir die gesellschaftliche Öffnung und die Liberalisierung –
insbesondere des Buchmarktes – in China kulturpolitisch unterstützen und so
einen Beitrag zum interkulturellen Austausch zwischen China als einer Gesellschaft im Umbruch und Deutschland leisten. Auch in China sind bereits die ersten Übersetzungen erschienen, z. B. Rüdiger Safranskis viel beachtete Schiller-
Biographie, das Kinderbuch *Ein Märchen ist ein Märchen* von Marjaleena Lemb-
cke und Gabriele Göttles *Experten*, eine Sammlung von Porträts ungewöhnlicher
Zeitgenossen.

Wobei wir in China noch stärker als in den arabischen Ländern merken, dass
die deutschen Sach- und Kinderbücher sich vergleichsweise leicht vermitteln
lassen. Die deutschsprachige Belletristik hat es dort jedoch entgegen der allgemeinen Trendwende im vergangenen Herbst mit auch ins Ausland enorm gut
verkauften Autoren nach wie vor eher schwer. Und das obwohl die Lizenzen
für mehrere aktuelle deutsche Belletristiktitel wie zum Beispiel Daniel Kehlmanns *Die Vermessung der Welt*, Arno Geigers Roman *Es geht uns gut*, für den er

mit dem 2005 erstmalig verliehenen Deutschen Buchpreis ausgezeichnet wurde, und Michael Wallners *April in Paris* bereits vor oder kurz nach dem Erscheinen der Bücher jeweils in weit über zehn Länder, darunter im Falle Kehlmanns auch die ›schwierigen‹ USA, verkauft wurden.

Zu unterschiedlich scheinen die Lebenswelten und Lesegewohnheiten und die daraus resultierenden Verlagsinteressen oft zu sein. Die meistgestellten Fragen der chinesischen Verleger auf der Buchmesse in Peking lauteten daher in nahezu identischer Abfolge: »Is it a bestseller, is it a love story, is it a happy ending, is the author looking good?« Das macht deutlich, wie sehr der hehre Kulturdialog eben doch von schnöden Marktinteressen zumindest mit bestimmt wird. Aber der ein oder andere unerschrockene Verleger hat sich inzwischen doch gefunden, der bereit ist, das Wagnis deutscher Gegenwartsliteratur auf Chinesisch einzugehen.

Damit unsere nicht unbedingt bestsellerverdächtige Literatur aber dennoch gewisse Chancen hat, in anderen Ländern ihre Leser zu finden, ist die richtige Auswahl der Bücher, die ja nach ihrer Übersetzung auf ganz andere Rezeptionsbedingungen als in Deutschland treffen, umso wichtiger. Um also möglichst ›passende‹ Bücher für das Ausland zu finden, arbeiten wir mit einem zweistufigen Auswahlverfahren:

Die Auswahl der Bücher, die wir auf der Website vorstellen, trifft eine Jury von fünf unabhängigen Fachleuten, die gemeinsam die Sparten Belletristik, Sachbuch und Kinder- und Jugendbuch abdecken. Die Jurymitglieder sind bekannte Literaturkritiker, die für die Feuilletons verschiedener großer Tageszeitungen und Literaturzeitschriften wie die *Süddeutsche*, *Tagesspiegel* und *Literaturen* schreiben und denen auch die praktischen Aspekte der literarischen Übersetzung nicht fremd sind. Für den Kinder- und Jugendbuchbereich haben wir dabei mit der Leiterin von *LesArt*, dem Berliner Zentrum für Kinder- und Jugendliteratur und dem europaweit einzigen Literaturhaus für Kinder und Jugendliche, eine erfahrene Praktikerin dabei.

Neben den deutschen Experten gibt es in der Jury – und das ist uns besonders wichtig – auch ein internationales Mitglied, das zugleich in der deutschen Literatur und Sprache zuhause ist. Auf diese Weise können wir auch den für die Vermittlung wichtigen ›Blick von außen‹ auf die deutsche Literatur berücksichtigen. Dieses internationale Mitglied ist der schwedische Autor und Literaturwissenschaftler Aris Fioretos, der als Kulturattaché der schwedischen Botschaft in Berlin ebenfalls ein erfahrener Kulturvermittler ist.

Die Kriterien, die bei der Auswahl der Bücher eine Rolle spielen, sind in aller Kürze folgende: Grundsätzlich gilt, dass die literarische oder bei den Sachbüchern die fachliche sowie die stilistische Qualität eines Buches entscheidend ist. Denn es geht uns darum, einen Querschnitt jener Bücher zu zeigen, die den Diskurs prägen, der sich zur Zeit mit und um die Literatur in Deutschland entwickelt. Unsere Auswahl ist also nicht primär am Markt orientiert, sondern repräsentiert im Gegenteil die eher anspruchsvolle aktuelle Literatur, die es auf Anhieb vielleicht nicht so leicht hat, sich bei einem internationalen Publikum durchzusetzen.

Über die sprachliche und inhaltliche Qualität hinaus sind es vor allem drei Kriterien, die die Auswahl bestimmen: zum einen, ob das jeweilige Buch von globalem Interesse sein könnte. Zum anderen ob es − genau entgegengesetzt − vielleicht ein Text ist, der dezidiert etwas über die aktuelle gesellschaftliche Situation oder individuelle Befindlichkeiten in Deutschland aussagt und somit interessant sein könnte als Spiegel jüngster Entwicklungen und Erfahrungen in unserem Land. Ein drittes ebenfalls ausschlaggebendes Kriterium ist, ob ein Buch möglicherweise von spezifischer Relevanz für unsere Schwerpunktregion ist, indem es um Fragen kreist, die in der dortigen Gesellschaft gerade aktuell sind.

Um letzteres beurteilen zu können, also ob es sich um ein Buch handelt, das den spezifischen Interessen und Bedürfnissen der Schwerpunktregion Rechnung trägt, haben wir noch eine zweite Jury in unseren Auswahlprozess integriert. Diese ›Vor-Ort-Jury‹ besteht aus drei Mitgliedern, die in der Schwerpunktregion leben und dem dortigen Kulturkreis angehören. Als Germanisten und Übersetzer sind sie mit der deutschen Literaturlandschaft vertraut. Außerdem können sie als ›Grenzgänger‹ zwischen den Kulturen einschätzen, welche Themen und Diskurse in ihrem Land vermutlich auf Interesse stoßen werden und welche der Bücher dort − zum Beispiel angesichts staatlicher Zensur oder gesellschaftlicher Tabus − überhaupt in Übersetzung ›machbar‹ sind.

Für diese Bücher übernehmen wir nicht nur die Übersetzungskosten und unterstützen den Lizenzankauf, sondern zur Literaturvermittlung gehört für uns auch − und besonders − das Veranstalten von Workshops für Verleger zu Themen wie Vertrieb, Marketing und internationalem Lizenzhandel sowie Fortbildungsseminaren für junge literarische und Sachbuch-Übersetzer aus dem jeweiligen Schwerpunktland.

Denn es liegt uns besonders am Herzen, deutsche Gegenwartsliteratur nicht nur ›virtuell‹ über das Internet zu vermitteln, sondern etwas für eine lebendige Literaturvermittlung und den direkten Austausch zwischen Deutschland und anderen Kulturen zu tun. Eine Schlüsselposition in diesem Dialog der Kulturen kommt ganz klar den Übersetzern zu, indem sie mit ihrer sprachlichen Vermittlungsarbeit die Voraussetzung für die Begegnung mit ausländischen Kulturen überhaupt erst schaffen.

Daher haben wir mehrfach arabisch-deutsche und chinesisch-deutsche Übersetzerseminare durchgeführt, zum Teil zusammen mit der Reihe *textwerk* des

Münchner Literaturhauses, zum Teil in den arabischen Ländern und in China. Im Mittelpunkt dieser Workshops stehen Fragen, die für die literarische Übersetzung spezifisch sind. Daneben geht es aber auch darum, die Teilnehmer mit der deutschen Literatur- und Verlagsszene und dem hiesigen Buchmarkt vertraut zu machen, damit sie auf dieser Grundlage in Zukunft selbständig als sprachliche und kulturelle Vermittler aktiv werden können.

Neben der Weiterbildung von Übersetzern ist uns die persönliche Begegnung von deutschen Autoren mit ihren Lesern, Kollegen und Übersetzern im Ausland besonders wichtig. Daher laden wir einige der Autoren, deren Bücher wir auf www.litrix.de vorstellen, zu Lesereisen in die Schwerpunktregion ein, um so auch den direkten Meinungsaustausch über Literatur zu ermöglichen. So waren wir Anfang 2004 unter anderem mit Uwe Timm, der die deutsche Literatur der letzten Jahrzehnte wesentlich geprägt hat, auf der Internationalen Buchmesse in Kairo, wo er seine sehr persönliche Auseinandersetzung mit dem Nationalsozialismus unter dem Titel *Am Beispiel meines Bruders* vorgestellt hat.

Zur internationalen Buchmesse in Beirut hat uns im Dezember desselben Jahres der deutsch-iranische Autor und Islamwissenschaftler Navid Kermani begleitet, der aus seinem damals aktuellen Buch *Vierzig Leben* gelesen hat, einer Sammlung von scharfsichtigen und skurrilen Miniaturen über die heiteren ebenso wie die traurigen Seiten multikultureller Alltagswirklichkeit in und um Köln. Und der Literaturkritiker Helmut Böttiger hat seine damals frisch erschienene Geschichte der deutschsprachigen Gegenwartsliteratur seit 1989 mit dem bezeichnenden Titel *Nach den Utopien* vorgestellt.

In China waren wir unter anderem mit Antje Rávic Strubel, die ihren von der Kritik hochgelobten Roman *Tupolew 134* präsentiert hat, in dem sie einen unglaublichen Fall aus der deutsch-deutschen Geschichte der 1970er Jahre literarisch umsetzt, nämlich eine Flugzeugentführung von Danzig nach Berlin-Tempelhof, also in den Westen. Nicht nur die Teilung Deutschlands, sondern ebenso die Wiedervereinigung sind ja Themen, die nach wie vor in der deutschen Literatur sehr aktuell sind, wie man allein an den beiden sehr umfangreichen Romanen *Wie es leuchtet* von Thomas Brussig aus dem Frühjahr 2005 und *Neue Leben* von Ingo Schulze aus dem Herbst 2006 sieht.

Im Dezember 2005 waren wir mit Silke Scheuermann und Wilhelm Genazino auf ›Lesetournee‹ in Peking, Shanghai und Nanjing. Silke Scheuermann, bisher vor allem als Lyrikerin bekannt, hat aus ihrem ersten Erzählungsband *Reiche Mädchen* gelesen. Das Buch und die Autorin sind in China auf großes Interesse gestoßen, nicht zuletzt weil es dort zur Zeit ein ähnliches Phänomen gibt, wie das bei uns Ende der 1990er Jahre durch Judith Hermanns ersten Erzählband *Sommerhaus, später* ausgelöste ›Fräuleinwunder‹, d. h. eine ganze Reihe von jungen und – das ist für eine gesteigerte mediale Wahrnehmung ja ebenfalls nicht unwichtig – gut aussehenden Autorinnen, die über Beziehungs-, Uni- und sonstigen Alltag schreiben.

Nicht minder angetan war das chinesische Publikum vom Büchner-Preisträger Wilhelm Genazino, einem der erfahrensten und bedeutendsten deutschen Gegenwartsautoren, in dessen jüngstem Roman *Die Liebesblödigkeit* es ganz offensichtlich um ein globales Thema geht: um die Liebe nämlich und die größeren und kleineren Probleme, die man so damit haben kann, insbesondere wenn man als Mann versucht, gleich zwei Frauen und zwei Beziehungen gerecht zu werden. Im Anschluss an die Lesungen ergaben sich jedenfalls immer höchst spannende und lebhafte Diskussionen mit dem vermeintlichen ›Beziehungsexperten‹ Genazino.

Im Herbst 2006 gab es im Rahmen der *Verlagsmetropolen*-Reihe des *Literarischen Colloquiums Berlin* erstmals eine gemeinsame Reise mit vier deutschen Autoren nach Peking und Shanghai: mit dabei waren Juli Zeh, Jakob Hein, Ingo Schulze und Ilija Trojanow, deren vorgestellte Bücher im Zuge der Veranstaltungen vor Ort alle an chinesische Verlage vermittelt werden konnten.

Durch solche Begegnungen mit diesen und anderen Schriftstellern ebenso wie durch unser weltweites Informationsangebot im Internet möchten wir einen Beitrag dazu leisten, dass aktuelle deutsche Bücher die Chance bekommen zu ›wandern‹, also sprachliche und geographische Grenzen zu überschreiten und so das Publikum in anderen Ländern neugierig zu machen auf aktuelle Themen und Diskurse in der deutschen Gegenwartskultur.

Die vielen anregenden persönlichen Begegnungen und positiven Erfahrungen während der letzten drei Jahre in den arabischen Ländern und in China haben uns darin bestärkt, dass Literatur tatsächlich eine wichtige Rolle spielt bei dem Versuch, andere Kulturen und deren Denkweise genauer kennenzulernen und dadurch auch besser zu verstehen. Denn das Lesen von übersetzten Büchern ermöglicht ganz konkret ebenso wie in einer übertragenen Bedeutung die eigene Horizonterweiterung. Nur durch Übersetzung also ist so etwas wie Weltliteratur im Sinne eines weltweiten Austauschs von und über Literatur möglich. Und als ein Angebot zu diesem Dialog der Kulturen über zeitgenössische Literatur verstehen wir unsere Arbeit bei *Litrix.de*.

Beiträgerinnen und Beiträger

WOLFGANG BEHSCHNITT: Privatdozent und Wissenschaftlicher Mitarbeiter am Institut für Vgl. Germanische Philologie und Skandinavistik der Universität Freiburg. Promotion 1996 über *Die Autorfigur. Autobiographischer Aspekt und Konstruktion des Autors im Werk August Strindbergs*. Veröffentlichungen zum deutsch-skandinavischen Kulturkontakt, zu kulturellen Identitäts- und Alteritätskonzepten und zur Migrationsliteratur. Habilitation mit einer Arbeit zum Thema *Wanderungen mit der Wünschelrute. Landesbeschreibende Literatur und die vorgestellte Geographie Deutschlands und Dänemarks im 19. Jahrhundert*, 2006.

VOLKER DÖRR: Hochschuldozent am Institut für Germanistik, Vgl. Literatur- und Kulturwissenschaft der Universität Bonn. Habilitation (2002) mit einer Arbeit über *Mythomimesis. Mythische Geschichtsbilder in der westdeutschen (Erzähl-)Literatur der frühen Nachkriegszeit*. Veröffentlichungen zu Friedrich Schiller, Goethe und Karl Philipp Moritz. Forschungsschwerpunkte sind Fragen der Intertextualität, das Verhältnis von Literatur und Mythos, die Literatur um 1800 und der Nachkriegszeit.

ARIS FIORETOS: Schriftsteller, Übersetzer (u. a. Hölderlin, Nabokov und Paul Auster), habilitierter Literaturwissenschaftler und Botschaftsrat für kulturelle Fragen an der Schwedischen Botschaft in Berlin (bis Ende 2007). Er debütierte 1991 mit einer Sammlung mit Kurzprosa, 2000 erschien der Roman *Stockholm noir* [Die Seelensucherin], 2003 folgte *Sanningen om Sascha Knisch* [Die Wahrheit über Sascha Knisch]; eine Auswahl seiner Essays erschien auf deutsch unter dem Titel *Mein schwarzer Schädel*.

ANNE-BITT GERECKE: Literaturwissenschaftlerin und leitende Redakteurin von *litrix.de*, einem von der Bundeskulturstiftung und dem Goethe-Institut getragenen Projekt zur internationalen Vermittlung deutscher Gegenwartsliteratur und deren Übersetzung und freie Lektorin und Übersetzerin bei mehreren großen Literaturverlagen. Publikationen zur deutschen und skandinavischen Literatur der Spätaufklärung, der Moderne und der Gegenwart, Dissertation zum Thema *Transkulturalität als literarisches Programm. H. W. Gerstenbergs Poetik und Poesie*, 2002.

KARIN HOFF: Professorin für Skandinavistik an der Universität Göttingen, vorher Bonn. Veröffentlichungen zur skandinavischen Literatur der Gegenwart, der Moderne und zur Literatur der Spätaufklärung. Die Forschungsschwerpunkte liegen auf dem deutsch-skandinavischen Kulturkontakt, der Dramen- und Theatergeschichte sowie der Literatur des 18. und 20. Jahrhunderts.

BENEDIKT JAGER: Hochschuldozent für Deutsche Literatur und Kultur an der Universität Stavanger / Norwegen. Promotion an der Universität Bonn 1997 mit der Arbeit *Sollizitation und Parusie. Literarischer Diskurs in Skandinavien zwischen 1880 und 1900.* Zahlreiche Publikationen zur deutschen und skandinavischen Literatur und Kultur des 19. und 20. Jahrhunderts. Forschungsschwerpunkte sind die deutsch-skandinavischen Kulturbeziehungen, Essen und Trinken in der Literatur sowie die Rezeption der Literatur der DDR in Skandinavien.

KLAUS MÜLLER-WILLE: Wissenschaftlicher Oberassistent am Institut für Nordische Philologie der Universität Basel. Promotion mit einer Arbeit über *Schrift, Schreiben und Wissen. Zu einer Theorie des Archivs in Texten von C. J. L. Almqvist,* 2005. Habilitation über die skandinavische Literatur der 1960er Jahre. Die Forschungsschwerpunkte umfassen die europäische Romantik, literaturtheoretische und philosophische Fragestellungen sowie die Literatur des 19. und 20. Jahrhunderts.

ANTJE WISCHMANN: zur Zeit Professorin für Kulturwissenschaften am Nordeuropa-Institut Berlin. Promotion zum Thema *Ästheten und Décadents* (1990); Habilitation 2002 mit einer Untersuchung zum literarischen und urbanistischen Diskurs in Skandinavien von 1955 bis 1995: *Verdichtete Stadtwahrnehmung.* Zahlreiche Aufsätze und Publikationen zur skandinavischen Literatur und Kultur des 19. und 20. Jahrhunderts, u. a. zur ›Neuen Frau‹ und zur skandinavischen Gegenwartskultur.

TEXTE UND UNTERSUCHUNGEN ZUR GERMANISTIK UND SKANDINAVISTIK

Herausgegeben von Heiko Uecker

Band 1 Auf alten und neuen Pfaden. Eine Dokumentation zur Hamsun-Forschung. Bd. I. Herausgegeben von Heiko Uecker. 1983.

Band 2 Auf alten und neuen Pfaden. Eine Dokumentation zur Hamsun-Forschung. Bd. II. Herausgegeben von Heiko Uecker. 1983.

Band 3 Astrid van Nahl: Originale Riddarasögur als Teil altnordischer Sagaliteratur. 1981.

Band 4 Jens Heese: Der Neurealismus in der dänischen Gegenwartsliteratur. Darstellung und Analyse anhand ausgewählter Texte von Anders Bodelsen und Christian Kampmann. 1983.

Band 6 Verbwörterbuch zur altisländischen Grágás (Konungsbók). Unter Mitarbeit von A. van Nahl, J. Beutner und Th. Klein herausgegeben von Heinrich Beck. 1983.

Band 7 Coletta Bürling: Die direkte Rede als Mittel der Personengestaltung in den Islendingasögur. 1983.

Band 8 Hans Fix: Wortschatz der Jónsbók. 1984.

Band 9 Hans Fix (Hrsg.): Jenseits von Index und Konkordanz. Beiträge zur Auswertung maschinenlesbarer altnordischer Texte. 1984.

Band 10 Aldo Keel: Bjørnstjerne Bjørnson und Maximilian Harden. Briefwechsel. 1984.

Band 11 Heinrich Beck (Hrsg.): Arbeiten zur Skandinavistik. 6. Arbeitstagung der Skandinavisten des Deutschen Sprachgebietes: 26.9.-1.10.1983 in Bonn. 1985.

Band 12 Helga Abret/Aldo Keel: Die Majestätsbeleidigungsaffäre des "Simplicissimus"-Verlegers Albert Langen. Briefe und Dokumente zu Exil und Begnadigung 1898-1903. 1985.

Band 13 Walter Baumgartner (Hrsg.): Applikationen. Analysen skandinavischer Erzähltexte. 1987.

Band 14 Aldo Keel (Hrsg.): Bjørnson in Deutschland. Ein Materialienband. 1985.

Band 15 Gabriele Schulte: Hamsun im Spiegel der deutschen Literaturkritik von 1890 bis 1975. 1986.

Band 16 Hermann Engster: Germanisten und Germanen. Germanideologie und Theoriebildung in der deutschen Germanistik und Nordistik von den Anfängen bis 1945 in exemplarischer Darstellung. 1986.

Band 17 Bernhard Gottschling: Die Todesdarstellungen in den Islendingasögur. 1986.

Band 18 Ulrich Groenke (Hrsg.): Arbeiten zur Skandinavistik. 7. Arbeitstagung der Skandinavisten des Deutschen Sprachgebietes: 4.8.-10.8.1985 in Skjeberg/Norwegen. 1987.

Band 19 Joachim Beutner: Untersuchungen zur Struktur und Syntax der altisländischen er-Sätze. 1987.

Band 20 Christine Holliger: Das Verschwinden des Erzählers. Die Entwicklung der Erzählerrolle in der skandinavischen Prosa 1870-1900. 1988.

Band 21 Detlef Brennecke: Von Strindberg bis Lars Gustafsson. Zwölf Essays zur schwedischen Literatur. 1989.

Band 22 Otmar Werner (Hrsg.): Arbeiten zur Skandinavistik. 8. Arbeitstagung der Skandinavisten des Deutschen Sprachgebiets: 27.9. - 3.10.1987 in Freiburg i. Br. 1989.

Band 44 Regina Hartmann: Deutsche Reisende in der Spätaufklärung unterwegs in Skandinavien. Die Verständigung über den »Norden" im Konstruktionsprozeß ihrer Berichte. 2000.

Band 45 Fritz Paul (Hrsg.) unter Mitarbeit von Joachim Grage und Wilhelm Heizmann: Arbeiten zur Skandinavistik. 13. Arbeitstagung der deutschsprachigen Skandinavistik, 29.7.-3.8.1997 in Lysebu (Oslo). 2000.

Band 46 Ulrike Sprenger: Sturla Þór ársons Hákonar saga Hákonarsonar. 2000.

Band 47 Claudia Müller: Erzähltes Wissen. Die Isländersagas in der Mö ðuvallabók (AM 132 fol.). 2001.

Band 48 Annegret Heitmann (Hrsg.): Arbeiten zur Skandinavistik. 14. Arbeitstagung der deutschsprachigen Skandinavistik, 1.-5.9.1999 in München. 2001.

Band 49 Ingolf Kaspar: Minimalismus und Groteske im Kontext der postmodernen Informationskultur. Ästhetische Experimente in der norwegischen und isländischen Gegenwartsliteratur. 2001.

Band 50 Joachim Trinkwitz: Studien zur Poetik Gunnar Ekelöfs. 2001.

Band 51 Heiko Uecker (Hrsg.): Neues zu Knut Hamsun. 2002.

Band 52 Fjodor Uspenskij: Name und Macht. Die Wahl des Namens als dynastisches Kampfinstrument im mittelalterlichen Skandinavien. 2004.

Band 53 Karin Birgitta Adam: *Jag kräver en inre Columbus* – Ich verlange einen inneren Columbus. Versuch über die Poetik Göran Tunströms. 2004.

Band 54 Eivind Tjønneland: Ironie als Symptom. Eine kritische Auseinandersetzung mit Søren Kierkegaards *Über den Begriff der Ironie*. 2004.

Band 55 Susanne Kramarz-Bein (Hrsg.): Neue Ansätze in der Mittelalterphilologie – *Nye veier i middelalderfilologien*. Akten der skandinavistischen Arbeitstagung in Münster vom 24. bis 26. Oktober 2002. 2005.

Band 56 Heiko Uecker: Der nordische Hamlet. 2005.

Band 57 Karin Hoff (Hrsg.): Literatur der Migration – Migration der Literatur. 2008.

www.peterlang.de

Michael Ackermann

Exilliteratur 1933–45
Migration und Deutschunterricht

Frankfurt am Main, Berlin, Bern, Bruxelles, New York, Oxford, Wien, 2004.
235 S.
Beiträge zur Literatur- und Mediendidaktik. Herausgegeben von Bodo Lecke.
Bd. 7
ISBN 978-3-631-51557-0 · br. € 39.80*

Ein Blick in die (west-)deutschen Lehr- und Bildungspläne seit 1945 legt das Diktum nahe: Exilliteratur – draußen vor der Schultür. Das gilt weniger für einzelne Werke, wohl aber für das Thema *Exilliteratur und Migration* im (Deutsch-)Unterricht. Die Studie untersucht die Relevanz des Themas für den Unterricht innerhalb eines didaktischen und historisch-soziologischen Begründungszusammenhangs. Im Mittelpunkt stehen Untersuchungen zu sechs projektartigen Unterrichtsmodellen zu bekannten Stoffen (Brecht, Seghers) unter veränderten Fragestellungen sowie zu einigen für den Unterricht (neu) zu entdeckenden Autoren, wie Feuchtwanger, Liepman, A. Zweig und ihren Werken für die höheren Klassenstufen der Gesamtschule, des Gymnasiums und der Hauptschule. Die Studie schließt mit einem Perspektivwechsel zum Thema Deutsche im türkischen Exil (1933–45) und türkische Migranten in Deutschland (seit 1961) ab.

Aus dem Inhalt: Exilliteratur in der BRD und der DDR · Exilliteratur in der Deutschdidaktik und in den Lehrplänen seit 1945 · Projektorientierte Unterrichtseinstiege · Unterrichtsmodelle zu Liepmanns *Das Vaterland*, Seghers' *Das siebte Kreuz*, Feuchtwangers *Exil*, A. Zweigs *Einsetzung eines Königs*, Brechts *Flüchtlingsgespräche* und zum Exilland Türkei 1933–1950

Frankfurt am Main · Berlin · Bern · Bruxelles · New York · Oxford · Wien
Auslieferung: Verlag Peter Lang AG
Moosstr. 1, CH-2542 Pieterlen
Telefax 0041 (0)32/376 17 27

*inklusive der in Deutschland gültigen Mehrwertsteuer
Preisänderungen vorbehalten
Homepage http://www.peterlang.de

Peter Lang · Internationaler Verlag der Wissenschaften